집밥 마니아의 ✦ 레토르트 활용기

요즘 X 레토르트

요리 노애리

수작걸다

RETORT

[레토르트(Retort) 식품이라 함은 단층 플라스틱 필름이나 금속박 또는 이를 여러 층으로 접착하여, 파우치와 기타 모양으로 성형한 용기에 제조가공 또는 조리한 식품을 충전하고 밀봉하여 가열살균 또는 멸균한 것을 말한다.]

by 식품공전

하루 세 끼를 집밥으로 차려내는 요즘, 장바구니에 빠지지 않고 등장하는 것이 있으니 바로 레토르트 식품입니다. 지금 마트는 가정 간편식(HMR·Home Meal Replacement) 전성시대! 대형마트는 물론 집앞 편의점, 온라인 마켓에서도 신상 레토르트 식품이 넘쳐납니다. 전쟁 식량, 우주식량 용도의 통조림으로 시작된 레토르트 식품의 역사는 이제 집밥식량으로 진화하고 있습니다. 때로는 요리의 주재료로, 때로는 요리의 부재료로 쓰임도 다양해졌지요. 레토르트 식품을 어떻게 활용하느냐에 따라 식탁은 더욱 풍성해지고, 요리의 즐거움은 높아집니다. 요리 잘 하는 A씨에게도, 요알못인 B씨에게도 레토르트 식품은 주방의 든든한 조력자입니다.

이 책에서는 〈식품공전〉에서 레토르트 식품으로 정의한 통조림/파우치 형태의 고온 살균 처리된 완조리 식품뿐만 아니라 넓은 범주의 가정 간편식을 다룹니다. 반조리 밀키트, 냉동 즉석식품, 치즈·햄·젓갈·소스 등의 일반 식품까지 포함하여 소개합니다.

- **요즘✕레토르트를 말하다** 냉동 레토르트 식품 008
  냉장 레토르트 식품
  실온 레토르트 식품

- **책속 기본기** ① 밥맛의 기본, 밥짓기 014
  ② 국물맛의 기본, 멸치육수 내기
  ③ 달걀요리의 기본, 달걀 삶기
  ④ 풍미의 기본, 고추기름 내기
  ⑤ 토핑의 기본, 달걀지단 부치기

- **〈요즘✕레토르트〉 보는 요령** 017

PART 1. 스테디셀러 레토르트　　　STEADY SELLER

01	만두	달걀꽃잎만두 + 부추생채만두 + 중화식 고추기름소스만두	020
02	윙	치즈딥을 곁들인 핫윙 + 갈비양념윙조림 + 고추냉이양파절임과 프라이드윙	024
03	곰탕	고기국수 + 순대국밥 + 시골들깨우거지국	028
04	제육볶음	제육화이타 + 미나리제육비빔밥 + 제육짜글이	032
05	돈가스	냉돈가스 + 돈가스샌드 + 돈가스쌈플레이트	036
06	우동	진미채볶음우동 + 오동통우동튀김 + 유부조림백우동	040
07	치킨너겟	유린기소스아쿠아치킨 + 씨앗닭강정 + 치킨월도프샐러드	044
08	죽	라이스그라탕 + 수란죽 + 경상도식 김치콩나물죽	048
09	새우튀김	쉬림프롤 + 레몬망고프라이드쉬림프 + 통새우김밥	052
10	볶음밥	스크램블오므라이스 + 크림소스김치볶음밥 + 원팬누룽지피자	056
11	육개장	육개장칼국수 + 소고기해장국 + 두부육개장전골	060
12	동그랑땡	라구소스파스타 + 한입버거 + 구운 달걀주먹밥	064
13	피자	깔조네 + 롤피자빵 + 샐러드피자	068
14	떡갈비	스노우토마토떡갈비스테이크 + 떡갈비파전 + 떡갈비약고추장쌈밥	072
15	삼계탕	삼계버섯전골 + 삼계라면 + 대파닭개장	076

PART 2. 요즘 인기 레토르트　　NOW BESTSELLER

01	닭꼬치	닭꼬치딥소스 3종 + 치밥 + 탄두리치킨꼬치	082
02	떡볶이	차돌떡볶이 + 매콤짜장즉석떡볶이 + 깻잎닭떡볶음탕	086
03	순대볶음	순대달걀전 + 순대콩나물찜 + 찐순대양배추쌈	090
04	바비큐폭립	바비큐폭립김치찜 + 치즈퐁듀에 빠진 BBQ + 풀드포크버거	094
05	크루아상 생지	크루아상애플파이 + 아이스크림 품은 꽃잎크루아상 + 크루아상호떡	098
06	김부각	김부각밥타코 + 김부각삼겹살쌈 + 김부각간장버터밥	102
07	곱창볶음	곱창팟타이 + 곱창전골 + 청양곱창비빔밥	106
08	연어	와인버터소스의 연어스테이크 + 연어간장구이덮밥 + 구운 연어 타프나드파스타	110
09	먹태	허니버터먹태 + 먹태콩나물국 + 홈메이드 먹태구이	114
10	프로슈토	프로슈토카프리제 + 생햄오믈렛 + 생햄타파스	118
11	마라소스	마라부대찌개 + 마라소스해파리냉채 + 마라우육덮밥	122
12	치즈볼	치즈볼샐러드 + 양념치즈볼꼬치 + 맥앤치즈볼	126
13	족발	족발무침 + 족발고추장찌개 + 마늘버터족발구이	130
14	나물밥	나물아란치니 + 나물컵밥 + 나물풍기리소토	134
15	당절임 복숭아	떠먹는 복숭아케이크 + 피치상그리아 + 복숭아막걸리그라니타	138

PART 3. 레벨 업! 레토르트   LEVEL UP

01	통조림 골뱅이	골뱅이쏨땀 + 골뱅이떡무침 + 골뱅이감바스	144
02	토마토소스	토마토비프스튜 + 토마토고추어향가지 + 로제토마토소스수제비	148
03	리코타치즈	리코타까넬로니 + 리코타누룽지과자 + 칩스빈스 리코타샐러드	152
04	구운란	구운 달걀베네딕트 + 찐고추달걀무침 + 구운 달걀장	156
05	크림수프	크림포테이토 + 크로크마담 + 바지락클램차우더	160
06	훈제삼겹살	쿠바노샌드위치 + 치미추리소스 삼겹살구이 + 차슈풍 삼겹살덮밥	164
07	유부	숙주유부볶음 + 들기름유부감자국 + 유부지라시스시	168
08	닭가슴살	닭무침 + 닭가슴살꽈리고추볶음 + 구운 채소와 닭가슴살스테이크	172
09	액상카레	갈릭로스트치킨커리 + 한입카레빵토스트 + 아끼카레	176
10	명란젓	명란뢰스티 + 명란부르스게타 + 명란바게트	180
11	프렌치프라이	베이컨쪽파프렌치프라이 + 쉑쉑양념감자 + 콘버터프라이	184
12	핫케이크믹스	퐁당오쇼콜라 + 돌돌말이소시지빵 + 마블케이크	188
13	통조림 참치	만능참치장 + 참치오코노미야끼 + 그리스식 참치무사카	192
14	훈제오리	춘장소스훈제오리쌈 + 부추훈제오리찜 + 쌈무오리냉채	196
15	구운 생선	묵은지고등어조림 + 파탑고등어구이 + 데리야끼꽈리고추생선구이	200

냉동 레토르트 식품

볶음, 구이, 튀김 등 2차 열조리를 필수로 하는 식품군이 주를 이룹니다. 성형-조미-열조리 등의 공정을 거쳐 급속 냉동해 보존기간을 늘렸지요. 종류별, 식재료 특성별로 조리법도 달라집니다. 크게 열조리 없이 해동 후 즉시 섭취가 가능한 식품, 해동 후 반드시 열조리가 필요한 식품, 냉동 상태 그대로 열조리해야 하는 식품으로 나뉩니다. 나아가 조리 기구별로 해동 여부도 달라져 식품별로 권장하는 조리법 확인이 필수지요.

치즈볼이나 생지 등의 반죽 식품은 해동 시 형태가 변형되고 수분이 빠질 수 있어 단시간 해동하거나 해동 없이 곧장 센불로 단시간에 조리하는 게 좋습니다. 반면 돈가스, 제육볶음 등의 고기 식품은 해동 없이 조리할 경우 속까지 열전달이 어려워 조리시간이 길어지고 덜 익거나 태우기 쉽습니다. 이 과정에서 온도차에 의한 변질도 생길 수 있어 주의가 필요합니다.

책 속 리스트

곱창볶음	만두	치킨너겟
구운 생선	먹태	크루아상 생지
나물밥	볶음밥	프렌치프라이
닭꼬치	새우튀김	피자
돈가스	윙	
동그랑땡	제육볶음	
떡갈비	치즈볼	

보관법

❶ 대용량이라면 개봉 즉시 1회 분량별로 소분 포장해 냉동시킨다.
❷ 소분 시 이물질이 묻지 않게 신경쓴다. 부패의 시작점이 될 수 있다.
❸ 사용 후 남은 분량은 최대한 해동되지 않도록 빠르게 냉동한다.
❹ 냉동 전용 진공팩과 밀폐용기, 쿠킹랩을 활용해 꼼꼼하게 재밀봉한다.
❺ 이미 해동이 시작되었다면 냉장실에 두고 최대한 빠르게 소진한다. 재냉동은 금물!

냉장 | 레토르트 식품

원물 식재료를 가열, 당절임, 염장 등의 방법으로 가공하거나 완조리 후 밀봉해 살균처리한 제품군입니다. 떡볶이, 순대볶음, 우동처럼 2차 조리가 필요한 키트 형태도 냉장 레토르트 식품군에 속하지요. 같은 제품군이라도 브랜드별로 조리법, 보관법이 상이합니다.

조리 시에는 주로 전자레인지나 에어프라이어, 오븐을 이용하는데 포장 타입에 따라 주의해야 합니다. 전자레인지 이용 시 파우치 타입은 살짝 개봉해 넣어야 터지지 않아요. 쿠킹 포일이나 은박접시 등의 금속성분은 그대로 전자레인지에 넣으면 음식물이 잘 데워지지 않거나 불꽃이 튈 수 있으므로 유리나 도기, 전자레인지 전용용기에 옮겨 조리합니다. 에어프라이어나 오븐 조리 시에도 전용용기를 이용하세요. 파우치, 비닐, 플라스틱 재질의 포장 용기는 고열에 녹아내리거나 도기, 유리도 내열용기가 아닌 경우 깨질 수 있어요.

책 속 리스트

곰탕	바비큐폭립	족발
구운란	삼계탕	훈제삼겹살
닭가슴살	순대볶음	훈제오리
당절임 복숭아	연어	크림수프
떡볶이	우동	프로슈토
리코타치즈	유부	
명란젓	육개장	

보관법

❶ 식품별로 권장 보관온도가 다르므로 반드시 체크한다.
❷ 구입 후 실온에 두지 말고 즉시 냉장보관한다.
❸ 개봉 후 산소와 닿아 산패 위험성이 높아지므로 반드시 밀봉처리한다.
❹ 파우치에 담긴 국물 타입은 개봉 후 남은 양은 뚜껑이 있는 밀폐용기로 옮겨 담는다.
❺ 개봉 직후 빠르게 사용 양을 덜어내고 남은 양은 진공팩, 밀폐용기에 담아 냉장보관한다.

실온 ▎레토르트 식품

통조림이나 병 등에 담겨 별도의 조리과정 없이 그대로 섭취하거나 비가열 조리만으로 섭취 가능한 제품군이 많습니다. 국물류, 즉석밥, 죽 등 일부 완조리 식품은 파우치나 전용용기 포장 후 고온 살균처리해 실온에서도 장기보관이 가능하고, 각종 분말제품도 제품별 조리공정을 거쳐 급속 냉동-건조 및 분쇄과정-살균처리 후 유통되지요.

실온 레토르트 식품은 냉장/냉동식품에 비해 온도나 습도 등 보관환경의 변화가 클 수 있어 보다 주의가 필요합니다. 포장용기의 작은 손상에도 식품이 변질되기 쉬워요. 질소가스를 채워 팽창시킨 파우치 제품이나 진공 상태의 통조림 제품의 경우 원래의 포장 상태와 달리 수축하거나 부풀어올랐다면 내부에서 부패가 진행되었을 가능이 있으니 섭취 전에 상태를 확인해야 합니다. 완조리 타입의 찌개, 육수 등의 국물요리는 센불로 끓여 섭취하고, 통조림 식품은 데치거나 함께 담겨 있던 국물이나 기름 등은 제거하고 사용하는 게 좋아요.

책 속 리스트

김부각	핫케이크믹스
마라소스	토마토소스
액상카레	통조림 골뱅이
죽	통조림 참치

보관법

❶ 개봉한 통조림은 반드시 밀폐용기로 옮겨 냉장실에 두고 빠르게 소진한다.
❷ 파우치 타입의 건조식품은 불투명 파우치나 용기에 밀봉해 서늘하게 보관한다.
❸ 투명 유리병에 담긴 제품은 불투명 비닐이나 쿠킹포일로 감싸 보관한다.
❹ 소스류 등 수분이 많은 식품은 개봉 후 반드시 냉장실에 두고 빠르게 소진한다.
❺ 유리병, 플라스틱 용기의 식품은 식기류에 덜어서 사용한 후 최대한 뚜껑을 꽉 잠근다.

책 속 기본기

레토르트 간편식을 다양하게 즐기기 위해서는 몇 가지 기본기가 필요합니다. 집밥의 시작인 밥짓기부터 깊은 맛의 국물요리를 책임지는 기본 멸치육수 내기, 요리의 풍미를 높여주는 홈메이드 고추기름 만들기, 맛은 물론 멋을 더하는 고명의 기초 달걀지단과 달걀 삶는 법을 소개합니다. 기초 조리법만 잘 알고 있어도 이미 반은 집밥 고수! 기본기를 다져 레토르트 식품을 활용한 요리의 완성도를 높이세요.

밥맛의 기본, 밥짓기

백미 전기밥솥 기준

덮밥, 국밥 등 일품요리의 한끗 차이는 밥맛에 달려 있습니다. 맛있는 밥을 짓기 위해서는 쌀의 종류나 묵은 정도에 따라 밥물의 양을 조율해야 합니다. 수분이 많은 백미 햅쌀은 동량의 밥물을 준비하고, 현미와 잡곡, 묵은쌀은 밥물 양을 10% 정도 늘려주세요.

○ 쌀·물 동량씩

1   쌀은 푹 잠길 정도의 찬물을 붓고 저어 씻는다.
2   찬물로 3번 정도 바꿔가며 씻는다.
3   밥솥에 씻은 쌀과 동량의 물을 붓는다.
4   쌀에 수분이 흡수되도록 약 30분간 불렸다가 취사한다.

국물맛의 기본, 멸치육수 내기

멸치육수 기준 / 1리터 분량

레트로트 식품을 활용하면 손쉽게 국물맛을 낼 수 있지요. 보다 깊은 맛을 내고 싶다면 물 대신 기본 육수를 준비해 사용하세요. 간단하게 다시마를 물에 30분 정도 담갔다가 사용해도 좋습니다.

○ 국물용 멸치 15마리 또는 디포리 10마리, 다시마 15×15cm 1장, 물 6컵

1 국물용 멸치의 내장을 제거한다.
2 냄비에 멸치를 넣고 중약불로 볶아 비린내를 날린 후 체에 밭쳐 비늘을 제거한다.
3 냄비를 한 번 닦고 볶은 멸치와 다시마, 물을 넣고 센불에서 뚜껑을 열고 끓인다.
4 끓어오르면 중약불로 10분간 끓여 체에 걸러 식힌 후 냉장보관한다.

달걀요리의 기본, 달걀 삶기

반숙 기준

레트로트 요리에 손쉽게 더할 수 있는 부재료가 삶은 달걀입니다. 달걀 삶기는 생각보다 쉽지 않죠. 식초와 소금을 준비하세요. 식초는 내용물이 흐르지 않게, 소금은 껍데기가 잘 벗겨지게 도와줘요.

○ 달걀 5개, 식초 3큰술, 소금 1큰술, 물 약 4컵

1 달걀은 실온에 30분 두었다가 냄비에 넣고 달걀이 충분히 잠기도록 물을 붓는다.
2 소금과 식초를 넣고 중불에 올려 나무숟가락으로 달걀을 조심스럽게 굴려가며 삶는다.
3 물이 끓기 시작하면 반숙은 9분간 더 삶는다. 완숙은 12분간 삶아 불을 끈다.
4 달걀 껍데기에 금이 가도록 살짝 깨트려 찬물(얼음물)에 담가 껍데기를 벗긴다.

   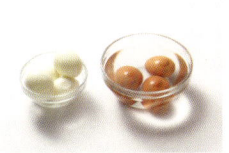

풍미의 기본, 고추기름 내기

200ml 분량

책에 자주 등장하는 조미료 중 하나로, 칼칼한 매운맛은 물론 요리의 풍미를 높여줍니다. 뜨겁게 달군 기름에 향신채소를 넣어 충분히 우려내는 게 포인트입니다.

○ 식용유 1컵, 마늘 슬라이스 4쪽분, 생강 슬라이스 2개, 토막 대파 15cm, 페페론치노 5개, 고춧가루 3큰술

1 볼에 식용유를 담고 전자레인지에서 1~2분간 뜨겁게 달군다.
2 향신채소인 마늘, 생강, 대파, 페페론치노, 고춧가루를 넣는다.
3 재료의 향이 충분히 배어나오도록 1시간 정도 실온에 둔다.
4 모든 재료가 바닥에 가라앉고 기름이 차갑게 식으면 고운 거름망에 걸러 냉장보관한다.

토핑의 기본, 달걀지단 부치기

달걀지단은 토핑에 즐겨 사용합니다. 얇고 일정한 두께의 지단을 부치려면 팬부터 충분히 예열해야 해요. 젓가락에 달걀물을 묻혀 팬에 그었을 때 바로 익는 정도가 부치기 적당한 온도입니다.

○ 달걀 1개, 맛술·식용유 1작은술씩, 소금 약간

1 달걀은 소금, 맛술을 넣고 곱게 풀어 체반에 내린다.
2 팬에 식용유를 두르고 중약불로 달구어 키친타월로 팬을 닦아 전체적으로 코팅한다.
3 팬이 충분히 예열되면 불을 끄고, 달걀물을 부어 팬 전체에 얇게 펼친다.
4 약불로 올려 윗면까지 익힌 후 꺼내 충분히 식혔다가 썬다.

〈요즘X레토르트〉 보는 요령

❶ LEVEL UP 01 : 해당 파트
책에 소개한 레토르트 식품은 총 45가지입니다. 이를 [STEADY SELLER] [NOW BESTSELLER] [LEVEL UP] 3개의 파트로 나누었습니다. 각각 스테디셀러 레토르트, 요즘 인기 있는 레토르트, 부재료로 활약하는 레토르트로 각 식품군별 특징 및 활용요리를 소개합니다.

❷ TYPE : 레토르트 종류
레토르트 식품군별로 시판 제품을 재료, 모양, 맛, 조리법에 따라 분류하여 레토르트의 차이를 한눈에 보여줍니다. 스테디셀러와 요즘 인기 있는 신제품 모두 포함하였습니다.

❸ STORAGE : 보관 방법 및 기간
종류별로 실온/냉장/냉동 보관 방법을 표기하였습니다. 제품에 표기된 유통기한은 제조일로부터 판매가 허용된 기한으로 실제 소비 가능 기한보다 짧게 설정됩니다. 본 책에서는 보관기준 준수 시 안전에 이상이 없을 것으로 인정되는 소비 시안을 제시합니다. 단, 절대적 기준은 아니니 식품 유형, 살균 여부, 포장법, 보관 환경에 따라 각 제품별 권장 보관법과 유의사항을 확인하세요.

❹ PREPARE : 해동 방법
책 속 냉동식품의 해동법은 제품 특성에 따라 식감, 형태, 맛, 신선도를 최대한 유지할 수 있는 방법으로 단시간 유수해동/장시간 실온해동/최장시간 냉장해동으로 제시하였습니다. 상황별, 활용 요리별로 상이하니 적합한 방법을 적용하세요.

❺ COOKING TIP : 쿠킹 팁
소개하는 45가지 레토르트 식품별로 더 맛있고 다채롭게 즐길 수 있는 비결을 소개합니다. 어울리는 식재료, 활용법 등 알고 있으면 좋은 실용 팁을 담았어요. 조리 시 주의해야 할 포인트도 체크합니다.

❻ RECIPE : 분량 보기
- 완성 요리는 2인분 기준입니다.
- 레토르트 제품은 1팩 기준입니다.
- 레시피는 계량컵, 계량스푼 기준입니다.
  1컵=200㎖, 1큰술=15㎖, 1작은술=5㎖

만두
윙
곰탕
제육볶음
돈가스
우동
치킨너겟
죽
새우튀김
볶음밥
육개장
동그랑땡
피자
떡갈비
삼계탕

PART 1

스테디셀러 레토르트

곰탕, 돈가스, 만두, 볶음밥, 피자… 여느 집 냉장고에 있을 법한 레토르트 식품들입니다. 초창기 반조리 시장을 이끌었던 스테디셀러 아이템만을 모았습니다. 아직도 곰탕에 밥만 말아먹나요? 맛있게 먹는 기술을 공유합니다.

STEADY SELLER 01

만두

TYPE
☐ 일반만두
☐ 물만두/군만두
☐ 딤섬/빠오즈
☐ 교자(중국식 얇은 피)

STORAGE
냉동 6개월~1년(미개봉)

PREPARE
냉동 상태 그대로 사용

만두의 역사는 중국 한나라로 거슬러 올라간다. 국내에는 고려시대 무렵 전파되기 시작했으며, 호빵처럼 두꺼운 반죽에 적은 소를 넣는 중국식 만두와 달리 얇은 피와 꽉 찬 속이 특징이다. 최근엔 속이 비칠 정도의 얇은 피에 고기·해물·채소·김치 등 갖은 재료를 가득 넣는 타입이 대세! 조리별, 재료별로 세분화되는 추세다.

COOKING TIP
❶ 떡국, 라면, 부대찌개, 각종 전골 등 다양한 국물요리에 넣어 즐겨요.
❷ 고기만두는 찌거나 튀겨 식초, 레몬즙 베이스의 상큼한 소스와 곁들여요.
❸ 소가 많은 왕만두와 교자, 피가 두꺼운 빠오즈는 수증기에 쪄야 더 맛있어요.
❹ 냉동 군만두는 식용유와 물을 섞어 뚜껑을 덮고 약불로 구우면 '겉바속촉'이 완성되어요.

만두를 굽다!

달걀꽃잎만두

바삭하게 만든 녹말물의 눈꽃만두 대신 달걀물로 만든 촉촉한 꽃잎만두예요. 달걀을 넣어 더 부드럽고 담백하지요. 만두 크기에 따라 달걀물의 양을 조절하세요. 치즈가루를 뿌려도 맛있어요.

만두 14개 + 달걀 2개, 송송 썬 쪽파 2대분, 소금 약간, 식용유 1큰술, 물 4큰술
초간장 간장·식초 1큰술씩, 참깨 1작은술

1. 달걀에 소금을 넣고 곱게 푼 뒤 송송 썬 쪽파를 섞는다.
2. 냉동 만두는 팬에 옆면이 바깥을 향하게 올리고 식용유와 물을 두른다.
3. ②를 약불에서 뚜껑을 덮고 3분 굽는다.
4. 옅은 갈색이 나면 옆면으로 뒤집어 뚜껑을 덮고 다시 3분 정도 굽는다.
5. 옆면도 노릇한 색이 나면 바닥면이 팬에 닿도록 뒤집어 꽃잎모양으로 나열한다.
6. ①의 달걀물을 만두 사이사이에 돌려 붓고 중불로 올려 구워 초간장과 곁들인다.

021

만두를 버무리다!

부추생채만두

알싸한 향의 부추를 매실액과 액젓으로 맛낸 초간단 생채에 만두를 버무려요. 입안이 깔끔하지요. 부추는 먹기 직전에 양념에 무쳐야 물이 생기지 않아요.

만두 14개 + 부추 1/2줌, 적양파 또는 양파 1/4개
양념장 고춧가루·간장 1큰술씩, 매실액 1과 1/2큰술, 부순 참깨 1작은술, 까나리액젓 1/2작은술, 참기름 2큰술

1. 냉동 만두는 김이 오른 찜기에 찐다. 취향에 따라 굽거나 튀겨도 좋다.
2. 부추는 3cm 길이로 썰고, 적양파도 비슷한 길이로 채썬다.
3. 양념장 재료는 섞어 먹기 직전에 부추, 적양파와 버무린다.
4. 찐 만두와 ③의 부추양파생채를 준비해 접시에 번갈아가며 담는다.

만두를 찌다!

중화식 고추기름소스만두

홍콩의 고추기름 딤섬을 응용한 메뉴입니다. 딤섬 대신 일반만두나 왕교자, 물만두로도 대체 가능하지요. 수제 고추기름으로 향신소스를 만들어 곁들여요.

만두 14개 + 청경채 2포기, 대파 10cm
고추기름소스 고추기름 4큰술 만드는 법 P016 참조, 간장 3큰술, 식초·올리고당 1큰술씩, 부순 참깨 1작은술, 소금 약간

1. 냉동 만두는 김이 오른 찜기에 찌거나 끓는 물에 데친다.
2. 청경채는 길게 4등분해 끓는 물 3컵에 소금 1작은술분량 외을 넣고 30초간 데쳐 찬물에 헹궈 물기를 짠다.
3. 대파는 길게 반 갈라 송송 썬다.
4. 고추기름소스 재료는 모두 섞어 준비한다.
5. 접시에 찐 만두와 데친 청경채를 담고 송송 썬 대파와 고추기름소스를 끼얹는다.

1

STEADY SELLER 02
윙

TYPE
☐ 핫스파이스윙
☐ 로스트윙/오븐구이윙
☐ 프라이드윙/몽골리안윙
☐ 버팔로윙/소금구이윙/마늘간장윙

STORAGE
냉동 6개월(미개봉)

PREPARE
팬 : 실온해동 30분
오븐/에어프라이어 : 냉동 상태 그대로 사용

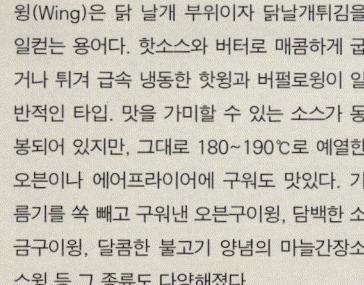

윙(Wing)은 닭 날개 부위이자 닭날개튀김을 일컫는 용어다. 핫소스와 버터로 매콤하게 굽거나 튀겨 급속 냉동한 핫윙과 버펄로윙이 일반적인 타입. 맛을 가미할 수 있는 소스가 동봉되어 있지만, 그대로 180~190℃로 예열한 오븐이나 에어프라이어에 구워도 맛있다. 기름기를 쏙 빼고 구워낸 오븐구이윙, 담백한 소금구이윙, 달콤한 불고기 양념의 마늘간장소스윙 등 그 종류도 다양해졌다.

COOKING TIP
❶ 튀김옷이 눅눅해지지 않도록 살짝만 해동해요.
❷ 치즈와 마요네즈 등으로 만든 딥소스와 채소스틱을 곁들여요.
❸ 프렌치프라이를 함께 조리해 세트로 즐겨도 좋아요.
❹ 굽는 온도와 시간은 제품별로 차이가 있으니 표기법을 참고해요.

윙을 매운 버터에 굽다!

치즈딥을 곁들인 핫윙

윙과 치즈의 궁합이 인상적입니다. 향미가 강한 블루치즈에 마요네즈, 레몬즙, 꿀을 더해 심플한 딥소스를 만들었어요. 매콤한 핫윙에 곁들이면 맛이 부드러워져요.

윙 16개 ➕ 버터 3큰술, 핫소스 2큰술, 파슬리가루 약간, 식용유 5큰술
치즈딥 블루치즈(고르곤졸라) 4큰술, 마요네즈 3큰술, 레몬즙·꿀 1작은술씩, 후춧가루 약간

1 해동한 윙은 중불로 달군 식용유에 바삭하게 굽는다.
2 키친타월로 ①에 남아 있는 기름을 제거한 뒤 버터와 핫소스를 넣어 버무린다.
3 치즈딥 재료는 덩어리 없이 풀어지게 섞는다.
4 ②를 접시에 담고 파슬리가루를 뿌린 뒤 준비한 치즈딥을 곁들인다.

윙을 양념에 졸이다!
갈비양념 윙조림

달콤짭조름한 갈비 양념에 윙을 졸여보세요. 밥반찬으로 그만입니다. 생강, 페퍼론치노를 넣어 느끼함도 덜하죠. 남은 소스는 밥에 비벼요.

윙 16개 ＋ 생강 슬라이스 2개, 페퍼론치노 5개, 식용유 5큰술
조림장 간장·청주·물엿·다진 파 2큰술씩, 굴소스·다진 마늘·참기름 1큰술씩, 흑설탕 1/2큰술, 물 4큰술

1 해동한 윙은 중불로 달군 식용유에 바삭하게 굽는다. 에어프라이어나 오븐에서 기름 없이 구워도 좋다.
2 냄비에 조림장 재료와 생강, 페퍼론치노를 넣고 중불에 올린다.
3 흑설탕이 녹고 바글바글 끓으면 구운 윙을 넣고 재빨리 버무린다.
4 먹기 직전에 생강과 페퍼론치노를 건져낸다.

윙을 튀기듯 굽다!
고추냉이 양파절임과 프라이드윙

윙은 바삭한 껍질과 부드러운 속살로 유독 인기가 많지요. 느끼하지 않게 끝까지 맛있게 즐길 수 있는 레시피를 소개해요.

윙 16개 ＋ 양파 1/2개, 치커리 1/2줌, 식용유 5큰술
양념 고추냉이 1작은술, 간장·설탕·식초·물 1큰술씩, 소금 약간

1 양파는 원형 슬라이스해 찬물에 담가 매운맛을 제거하고, 치커리는 5cm 길이로 썬다.
2 양념 재료는 모두 섞어 양파를 담가 냉장실에 20분간 둔다.
3 해동한 윙은 중불로 달군 식용유에 튀기듯 구워 기름기를 제거한다.
4 ②의 양파절임을 냉장실에서 꺼내 먹기 직전에 치커리와 버무린다.
5 기름기를 뺀 프라이드윙에 양파치커리절임을 곁들인다.

STEADY SELLER 03

곰탕

TYPE
☐ 사골곰탕
☐ 꼬리곰탕
☐ 도가니곰탕
☐ 한우사골고기곰탕

STORAGE
실온/냉장 1~3개월
(미개봉)

반조리 식품의 시초 격인 곰탕은 사골을 푹 곤 육수에 고기와 대파를 넣고 소금 간을 더해 즐기는 보양식이다. 바로 데워 먹는 냉장, 실온 타입이 있으며, 최근에는 국물 베이스용으로 물에 희석해 끓여 먹는 액상·분말 타입의 농축액도 인기다. 사골 자체의 깊은 풍미를 즐기려면 소금과 후춧가루로 간하고, 감칠맛을 내고 싶다면 새우젓을 활용한다.

COOKING TIP
❶ 뚝배기에 불린 당면과 함께 끓이다가 밥을 말아 뜨끈한 국밥을 만들어요.
❷ 순대, 우거지, 시래기, 만두, 면 등을 넣은 다양한 국물요리에 육수로 사용해요.
❸ 고춧가루, 국간장, 다진 마늘을 섞은 양념장과 궁합이 좋아요.

곰탕으로 국수를 말다!

고기국수

제주의 별미, 고기국수를 아시나요? 부들부들한 수육을 얹은 뽀얀 사골국수를 곰탕으로 끓였어요. 수육 대신 볶은 고기를 올려 빠르게 만들었지요. 국수는 소면, 중면, 칼국수 중 골라 준비해요.

곰탕 5컵 (1kg) + 국수(중면) 2줌, 차돌박이 또는 대패삼겹살 200g, 당근 1/8개, 청양고추·김가루 적당량씩, 소금·후춧가루 약간씩, 식용유 2작은술

1 당근은 채썰고, 청양고추는 송송 썬다.
2 채썬 당근은 식용유를 센불로 달구어 소금을 뿌려가며 10초간 볶는다.
3 차돌박이는 소금, 후춧가루를 뿌려가며 노릇하게 볶는다.
4 국수는 끓는 물 7컵에 3분간 삶아 찬물에 헹궈 전분기를 제거한다.
5 냄비에 곰탕을 부어 중불에서 끓이고 ④의 삶은 국수를 담갔다가 뺀다.
6 그릇에 국수와 곰탕을 담고 준비한 재료를 얹는다.

029

곰탕으로 국밥을 말다!

순대국밥

곰탕만 있다면 순대국도 손쉽게 만들 수 있습니다. 구수한 곰탕에 순대를 숭덩숭덩 썰어 넣고 뚝배기에 담으면 완성이죠. 국밥 또는 따로국밥으로 즐겨요.

곰탕 5컵 (1kg) + 밥 2공기, 한입 크기 순대 3컵, 청양고추 1개, 대파 15cm, 들깨가루·새우젓 2큰술씩, 다진 마늘 2작은술
양념장 고춧가루 3큰술, 국간장 2큰술, 다진 마늘 1큰술, 설탕 1/2큰술, 까나리액젓 1작은술

1 양념장 재료는 골고루 섞어 고춧가루가 부드럽게 풀리도록 둔다.
2 청양고추와 대파는 송송 썬다.
3 냄비에 곰탕을 부어 센불에서 바글바글 끓어오르면 순대와 다진 마늘을 넣고 중불로 줄여 끓인다.
4 한 번 더 끓어오르면 밥을 넣고 불을 끈다.
5 청양고추, 대파, 들깨가루를 넣고 양념장과 새우젓을 곁들인다.

곰탕으로 국을 끓이다!

사골들깨우거지국

곰탕으로 우거지국을 끓이면 깊은 맛을 낼 수 있어요. 곰탕과 된장이 어우러져 국물맛이 한층 부드럽고 구수해집니다. 밥을 꾹꾹 말아먹기 좋지요. 우거지는 끓는 물 4컵에 소금 1작은술을 넣고 미리 삶아두어요.

곰탕 5컵 (1kg) + 삶은 우거지 2줌, 콩나물 1줌, 무 50g, 두부 1/2모, 청양고추·홍고추 1개씩, 대파 15cm, 들깨가루 2큰술
양념장 된장 3큰술, 고춧가루·국간장 1큰술씩, 고추장 1/2큰술, 다진 마늘 1과1/2큰술

1 삶은 우거지는 물기를 꼭 짜 먹기 좋게 듬성듬성 썬다.
2 양념장 재료는 섞어 삶은 우거지를 조물조물 무친다.
3 무와 두부는 한입 크기로 깍둑썰고, 고추와 대파는 어슷썬다.
4 냄비에 곰탕과 양념장에 무친 우거지, 무를 넣고 중불에서 10분간 끓인다.
5 콩나물과 두부를 넣고 10분간 끓이다가 고추, 대파, 들깨가루를 넣어 3분 더 끓여 마무리한다.

제육볶음

STEADY SELLER 04

TYPE
☐ 매운제육볶음
☐ 숯불제육볶음
☐ 바싹돼지불고기
☐ 불제육볶음

STORAGE
냉장 3일
냉동 3개월(미개봉)

PREPARE
밀봉 유수해동 30분

얇게 납작썬 돼지고기를 고추장 양념에 버무린 제육볶음은 한국인이 사랑하는 넘버원 반조리 식품이다. 냉동 타입은 포장 그대로 물에 담가 유수해동하여 완전히 녹인 뒤 조리한다. 최근 불맛을 강조한 숯불제육볶음, 매운맛을 강조한 불제육볶음, 기사식당 스타일의 바싹제육볶음 등으로 특화 중이다. 조리 시 취향에 맞게 부재료를 더해 맛을 낸다.

COOKING TIP
❶ 센불에서 재빨리 볶으면 물기 없이 즐길 수 있어요.
❷ 양념을 태우거나 고기가 덩어리지기 쉬우니 젓가락으로 저어가며 볶아요.
❸ 양파, 대파, 버섯 등 부재료를 넣어 볶다가 마지막에 참기름을 첨가하면 더욱 맛있어요.
❹ 그대로 볶아 밥과 빵, 국수 등에 곁들여 덮밥, 샌드위치, 고기비빔국수로 즐겨요.

제육볶음을 토핑하다!

제육화이타

바싹 볶은 제육볶음과 스페셜 소스를 토르티야에 함께 올려 한입에 먹어요. 우리 입맛에 맞는 재료로 만들어 누구나 즐기기 좋지요. 멕시코식으로 즐기고 싶다면 제육볶음에 큐민가루를 더하세요.

제육볶음 300g + 토르티야 4장, 파프리카·토마토 1개씩, 양파·아보카도 1/2개씩, 레몬즙 3큰술, 올리브유·식용유 1큰술씩, 소금·후춧가루 약간씩
소스 사워크림·칠리소스 1/3컵씩

1. 파프리카는 굵게 채썰고, 속씨를 제거한 토마토와 양파는 굵게 다진다.
2. 다진 토마토 2/3분량, 다진 양파 1/2분량, 레몬즙 2큰술, 올리브유, 소금과 후춧가루를 약간씩 넣고 버무려 토마토살사를 만든다.
3. 아보카도는 완전히 으깨 남은 다진 토마토와 다진 양파, 레몬즙, 소금, 후춧가루를 넣고 버무려 과카몰리를 만든다.
4. 토르티야는 중약불로 달군 팬에서 앞뒤로 10초간 구워 먹기 좋게 등분한다.
5. 파프리카는 식용유를 센불로 달구어 소금을 뿌려가며 30초간 볶는다.
6. 해동한 제육볶음은 기름 없이 젓가락으로 저어가며 바싹 볶는다.
7. 토르티야를 위에 제육볶음, 토마토살사, 과카몰리, 파프리카볶음, 사워크림, 칠리소스를 올린다.

제육볶음을 비비다!
미나리제육 비빔밥

갓 지은 따끈한 밥에 미나리나물과 제육볶음을 넣고 슥슥 비벼 먹어요. 마늘과 대파로 향을 낸 기름에 제육을 볶아 맛이 더욱 풍성해요.

제육볶음 300g + 밥 2공기, 마늘 7쪽, 대파 15cm, 식용유 2큰술
미나리무침 미나리 1줌, 국간장 1/2큰술, 참기름 2큰술, 부순 참깨 1큰술, 소금 약간

1. 마늘은 납작썰고, 대파는 송송 썬다.
2. 미나리는 줄기만 준비해 끓는 물 4컵에 소금 1작은술 분량 외을 넣고 1분간 데친다. 곧장 찬물에 헹궈 물기를 짠다.
3. 데친 미나리는 3cm 길이로 썰어 국간장, 참기름, 부순 참깨를 넣고 조물조물 무친 뒤 소금으로 부족한 간을 한다.
4. 팬에 식용유를 두르고 납작썬 마늘과 대파를 넣어 중불에서 볶아 향을 내다가 해동한 제육볶음을 넣고 센불로 올려 바싹 볶는다.
5. 그릇에 밥을 담고 제육볶음과 미나리나물을 얹어 마무리한다.

제육볶음을 끓이다!
제육짜글이

제육으로 국물 자작한 찌개를 끓였어요. 제육 양념에 김치, 감자, 양파가 어우러져 별다른 양념 없이도 국물맛이 살아요.

제육볶음 300g + 신김치·김칫국물 1컵씩, 두부 1/4모, 감자 1개, 양파 1/2개, 청고추·홍고추 1개씩, 대파 12cm, 물 1과1/2컵
양념 고춧가루·고추장·국간장·참기름·다진 마늘 1큰술씩, 설탕 1/2작은술

1. 김치, 두부, 감자, 양파는 한입 크기 깍둑썰고 고추, 대파는 송송 썬다.
2. 냄비에 참기름을 둘러 중불로 달구어 해동한 제육볶음, 김치, 감자, 고춧가루, 고추장, 설탕을 넣고 2분간 달달 볶는다.
3. ②에 김칫국물과 물을 붓고 센불로 올려 한소끔 끓어오르면 중불로 줄여 10분간 끓인다.
4. 양파를 넣고 10분간 끓이다가 두부, 고추, 대파, 다진 마늘, 국간장을 넣고 10분 더 끓여 마무리한다.

STEADY SELLER 05
돈가스

TYPE
- 등심돈가스
- 치즈돈가스/고구마돈가스
- 겹겹이돈가스
- 매운맛 불돈가스

STORAGE
냉동 6개월(미개봉)

PREPARE
냉장해동 1일
실온해동 최소 1시간

오스트리아의 슈니첼, 중국의 꿔바로우가 있다면 레토르트계에는 냉동 돈가스가 있다. 두께부터 모양, 소스까지 각기 다르지만 모두 돼지고기 튀김인 포크커틀릿(Pork Cutlet)의 일종이다. 일본 근대화 시기의 '돈카츠'에서 유래된 돈가스는 고기의 두께, 빵가루, 소스, 담음새 등의 차이로 일본식 '돈카츠'와 경양식 스타일의 '돈가스'로 나뉜다. 냉동 돈가스는 조리 시 실패율이 낮은 게 특징. 최근엔 튀기지 않고 전자레인지에 데워 먹는 형태의 제품도 등장했다.

COOKING TIP
1. 170~180℃로 달군 기름에 두 번에 걸쳐 튀기면 수분이 날아가 더 바삭해져요.
2. 튀긴 뒤 체반에 밭쳐 기름을 충분히 빼야 눅눅하지 않아요.
3. 양배추, 오이, 양상추 등 아삭한 채소를 곁들여 튀김의 느끼함을 잡아요.
4. 찌개에 얹어, 빵에 넣어, 밥이나 면 위에 올려 다양하게 즐겨요.

돈가스를 차갑게 즐기다!

냉돈가스

튀김도 시원하게 즐길 수 있습니다. 각종 채소와 시원한 살얼음 육수와의 조합! 여름 별미 메뉴로 추천해요. 주재료인 돈가스는 도톰한 타입이 적당합니다. 오이, 당근, 양상추, 새싹채소를 넣어도 좋아요.

돈가스 2장 + 양배추·적채 5장씩, 양파 1/2개, 비트 1/6개, 방울토마토 6개, 무순 1/3줌, 유자청 2큰술, 고추냉이 적당량, 식용유 1/2컵
  냉모밀 육수(3컵) 쯔유 3/4컵, 물 2와1/4컵

1. 쯔유와 물을 1:3 비율로 섞어 냉동실에서 살얼음으로 얼린다.
2. 양배추와 적채, 양파, 비트는 곱게 채썰고, 방울토마토는 반 자른다. 채썬 양파와 비트는 찬물에 여러 번 헹군다.
3. 해동한 돈가스는 170℃로 달군 식용유에 노릇하게 튀겨 먹기 좋게 자른다.
4. 그릇에 돈가스와 채소를 소복이 담고 준비한 쯔유 살얼음을 둘러 붓는다.
5. 채소 위에 유자청을 뿌리고 고추냉이를 곁들인다. 무를 갈아 넣어도 좋다.

돈가스를 빵에 샌드하다!

돈가스샌드

향긋한 바질페스토와 부드러운 크림치즈로 맛을 낸 이색 메뉴예요. 바삭한 돈가스를 패티처럼 빵 사이에 넣고 샌드위치를 만들었습니다. 도시락 메뉴로 추천해요.

돈가스 2장 + 식빵 4장, 크림치즈·바질페스토 5큰술씩, 식용유 1/2컵
마늘버터 녹인 버터 2큰술, 꿀 1큰술, 다진 마늘 1/2큰술, 소금 약간

1 마늘버터 재료는 모두 섞어 식빵의 한쪽 면에 펴바른 후 달군 팬에서 앞뒤로 뒤집어가며 토스트한다.
2 식빵 2장의 마늘버터 바른 면에 크림치즈를 펴바른다.
3 해동한 돈가스는 170℃로 달군 식용유에 노릇하게 튀겨 기름기를 뺀다.
4 ②의 식빵에 튀긴 돈가스를 올리고 그 위에 바질페스토를 펴바른다.
5 남은 식빵 2장은 마늘버터 바른 면이 닿도록 덮고 반으로 잘라낸다.

5

돈가스를 돌돌 말다!

돈가스쌈플레이트

토르티야에 돈가스와 각종 채소, 소스를 올려 돌돌 말아 먹는 쌈요리예요. 채소뿐만 아니라 과일이나 차가운 비빔면 등을 곁들여도 좋아요.

돈가스 2장 + 토르티야 4장, 오이 1개, 양파·빨강 파프리카·노랑 파프리카 1/2개씩, 방울토마토 5개, 쌈무 5장, 새싹채소 1줌, 식용유 1/2컵
소스 칠리소스 또는 돈가스소스 또는 고추냉이 적당량

1. 오이, 양파, 파프리카는 채썰고, 방울토마토와 쌈무는 반 자른다.
2. 마른 팬을 중약불에 달구어 토르티야를 앞뒤 10초씩 구워 4~6등분으로 자른다.
3. 해동한 돈가스는 170℃로 달군 식용유에 튀겨 기름기를 빼고 한입 크기로 썬다.
4. 튀긴 돈가스와 준비한 채소를 가지런히 담고 토르티야와 쌈무를 함께 낸다. 소스는 각각 담아 취향에 맞게 곁들인다.

STEADY SELLER 06

우동

TYPE
☐ 가츠오우동
☐ 볶음우동
☐ 해물맛우동

STORAGE
냉장 2개월(미개봉)

기름으로 코팅한 우동 생면과 국물양념, 건조수프로 구성된 반조리 식품. 액상 또는 분말수프를 물에 희석해 끓여 빠르게 국물맛을 낸다. 감칠맛과 시원함을 더하고 싶다면 배추, 버섯, 어묵, 조개, 새우, 오징어 등의 부재료를 추천한다. 일본식 가츠오우동 외에 미역과 해산물로 맛낸 해물우동, 국물 없는 볶음우동 등도 인기다.

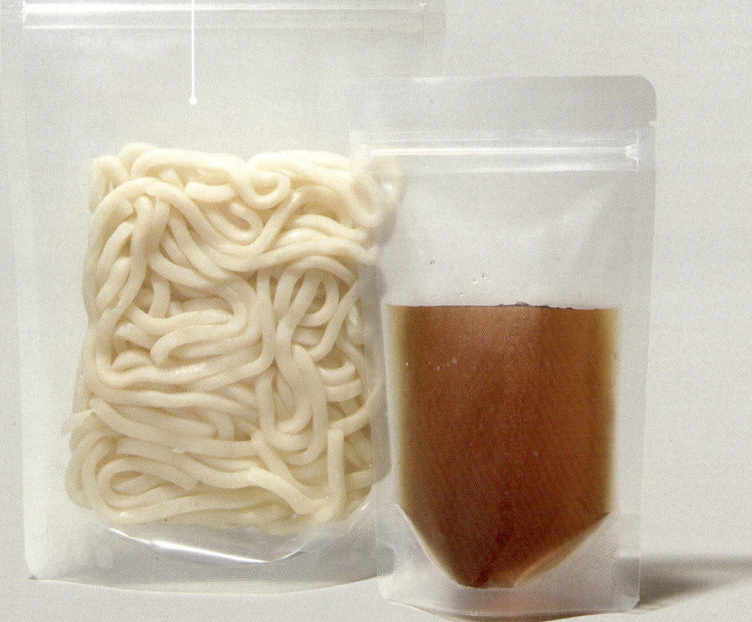

COOKING TIP
❶ 우동면은 뜨거운 물에 담가 살살 흔들면 면발을 끊김 없이 익힐 수 있어요.
❷ 면은 따로 익혀 넣어야 코팅된 기름과 밀가루 냄새 없이 깔끔해요.
❸ 국물양념은 어묵국, 만둣국, 배춧국, 오징어국 등의 육수로 사용해요.
❹ 우동면만 따로 데쳐 크림소스나 토마토소스와 버무려 색다르게 즐겨요.

우동을 양념에 졸이다!

진미채볶음우동

진미채의 짭조름함과 버터의 고소함, 우동 간장소스의 감칠맛이 입안에서 어우러집니다. 부족한 간은 우동 키트의 국물양념이나 소금으로 맞춰요. 건조 튀김가루를 토핑처럼 뿌려도 좋아요.

우동 2팩 (300g) + 진미채 3/4컵, 양파 1/2개, 버터·다진 마늘·굴소스 1큰술씩, 생크림 1과1/2컵, 우동 국물양념 1봉, 파슬리가루·후춧가루 약간씩
고명 진미채 1/4컵, 버터·간장·물엿 1큰술씩

1. 우동면은 따뜻한 물에 넣어 흔들어가며 면발을 풀고 물기를 제거한다.
2. 진미채는 먹기 좋은 길이로 잘라 물에 가볍게 헹궈 건지고, 양파는 채썬다.
3. 고명용 재료는 모두 한 번에 넣고 볶아 준비한다.
4. 팬에 진미채 3/4컵에 양파, 버터, 다진 마늘, 굴소스를 넣고 중불에서 볶는다.
5. ④의 진미채가 부드러워지면 생크림과 우동 국물양념을 넣고 끓기 시작하면 우동면과 후춧가루를 넣어 졸인다.
6. 그릇에 ⑤를 담고 고명용 진미채볶음과 파슬리가루를 뿌려 마무리한다.

1

우동을 바삭하게 튀기다!

오동통우동튀김

국물이나 소스에 담가 먹던 우동을 튀겨서 주전부리로 즐겨요. 부침가루 넣고 섞기만 하면 끝! 치즈가루나 설탕을 뿌려내면 맥주 안주로 딱입니다. 마요네즈, 머스터드소스, 간장소스와도 잘 어울려요.

우동 1팩 (150g) + 부침가루 4큰술, 파슬리가루 약간, 치즈가루·칠리소스 적당량씩, 식용유 1컵

1 우동면은 따뜻한 물에 넣어 흔들어가며 면발을 풀고 물기를 제거한다.
2 데친 우동면에 부침가루와 파슬리가루를 넣고 버무린다.
3 팬에 식용유를 붓고 중불에 달구어 180℃로 예열한다. 나무젓가락을 넣었을 때 2~3초 후 기포가 떠오르면 적당한 온도다.
4 ②를 넣고 노릇하게 튀겨 체에 받쳐 기름을 충분히 뺀다.
5 치즈가루에 버무린 뒤 칠리소스를 곁들여 마무리한다.

4

우동을 사골육수에 끓이다!

유부조림백우동

유부는 우동과 찰떡궁합이지요. 유부를 따로 준비해 양껏 올렸습니다. 사골육수를 사용해 국물맛도 깊어요. 송송 썬 쪽파, 김가루, 건조 튀김가루를 뿌려도 좋아요. 오늘 한끼는 속까지 따뜻해지는 백우동으로 준비해보세요.

우동 2팩 (300g) + 유부 10장, 달걀 1개, 숙주 1줌, 사골육수 5컵, 우동 국물양념 1과1/2봉, 소금·후춧가루 약간씩
조림장 간장·맛술·물엿 1큰술씩, 물 1/4컵

1 유부는 끓는 물에 30초간 담가 기름기를 제거해 물기를 뺀 뒤 1cm 폭으로 썬다.
2 달걀은 물 3컵에 소금과 식초를 약간씩(분량 외) 넣고 중불에 올려 끓어오르면 13분간 (반숙은 9~10분) 삶아 껍데기를 벗겨 반 자른다.
3 ①의 유부와 조림장 재료를 모두 넣고 중약불에서 졸인다.
4 냄비에 사골육수와 우동 국물양념을 넣고 중불에 올려 끓어오르면 우동면을 넣는다.
5 면발이 풀어지면 숙주를 넣고 2분간 더 끓인다.
6 그릇에 담고 ③의 유부조림과 삶은 달걀을 얹어낸다. 소금, 후춧가루로 간한다.

STEADY SELLER 07
치킨너겟

TYPE
☐ 순살너겟
☐ 통살너겟
☐ 크런치너겟
☐ 팝콘치킨

STORAGE
냉동 6개월(미개봉)

PREPARE
팬 : 실온해동 30분
오븐/에어프라이어 : 냉동 상태 그대로 사용

부드러운 닭고기 순살을 곱게 갈거나 통살 그대로 절단해 튀김옷을 입힌 식품이다. 닭뼈와 껍질 없이 살코기만 사용해 먹기에 편하며 하트, 별, 볼 등 다양한 성형이 가능해 남녀노소에게 인기 있다. 최근엔 한입에 쏙 들어가는 팝콘 타입도 등장. 닭고기와 튀김옷 자체에 유분이 있어 기름 없이 그대로 오븐이나 에어프라이어에 구워도 좋다.

COOKING TIP
❶ 탕수육 소스나 양념치킨 소스에 버무려 먹어요.
❷ 모닝빵 사이에 채소, 치즈와 함께 샌드해 치킨버거로 응용해요.
❸ 취향에 따라 여러 가지 딥소스를 곁들여 즐겨요.
❹ 작게 조각내 볶음밥 속재료로 이용해요.

치킨너겟으로 중식요리를!

유린기소스아쿠아치킨

아삭한 양상추 위에 노릇하게 튀겨낸 닭튀김과 새콤한 소스를 끼얹은 중식요리입니다. 치킨너겟으로 손쉽게 중식 일품요리에 도전해보세요. 샐러드용 쌈채소는 양상추, 청상추, 깻잎, 치커리 등 취향에 맞게 준비해요.

치킨너겟 15개 + 적양파 1/2개, 청고추·홍고추 1개씩, 샐러드용 쌈채소 2줌, 파채 1줌, 식용유 3큰술
유린기소스 간장 3큰술, 레몬즙 또는 식초 2큰술, 매실액·물 1큰술씩,
굴소스·설탕·참기름 1작은술씩, 후춧가루 약간

1 적양파는 곱게 채썰고, 고추는 반 갈라 송송 썬다. 쌈채소는 한입 크기로 뜯는다.
2 유린기소스 재료와 송송 썬 고추를 골고루 섞는다.
3 해동한 치킨너겟은 식용유를 두른 팬에서 노릇하게 구워 기름기를 빼고 반 자른다.
4 접시에 쌈채소와 치킨너겟, 적양파, 파채를 담고 유린기소스를 끼얹는다.

치킨너겟으로 분식 메뉴를!
씨앗닭강정

노릇하게 구운 치킨너겟과 쫄깃한 쌀떡을 매콤달콤한 조림장에 버무렸어요. 아이들 밥반찬으로, 간식 메뉴로 추천해요.

치킨너겟 15개 + 쌀떡볶이떡 10개, 견과류(해바라기씨·아몬드 슬라이스·땅콩·호두 등) 2큰술, 식용유 4큰술
조림장 고추장·간장·고추기름·흑설탕·물엿 1큰술씩, 다진 마늘 1/2큰술, 굴소스·생강즙·참기름 1작은술씩, 물 2큰술

1. 해동한 치킨너겟은 식용유를 둘러 노릇하게 구워 기름기를 뺀다.
2. 쌀떡볶이떡은 끓는 물에 말랑하게 데쳐 찬물에 헹궈 물기를 턴 후 ①의 치킨너겟 굽고 남은 기름에 볶는다.
3. 팬에 조림장 재료를 모두 넣고 중불에서 바글바글 끓어오르면 치킨너겟과 쌀떡볶이떡을 버무린다.
4. 접시에 담고 견과류로 토핑한다.

치킨너겟으로 샐러드를!
치킨월도프 샐러드

마요네즈드레싱에 사과와 견과류를 버무리는 월도프샐러드. 기름기 없이 구운 치킨너겟을 더하면 한끼 식사로도 충분해요.

치킨너겟 15개 + 호두 1/3컵, 사과 1/2개, 오이 1/3개, 샐러리 15cm, 방울토마토 5개, 어린잎채소 적당량, 식용유 4큰술
마요네즈드레싱 마요네즈 3큰술, 레몬즙·설탕 1작은술씩

1. 호두는 약불로 달군 마른 팬에 넣고 1분 정도 볶는다.
2. 해동한 치킨너겟은 식용유를 두른 팬에서 노릇하게 구워 기름기를 빼고 반 자른다.
3. 사과는 사방 2cm 크기로 썰고, 오이는 속씨를 제거한 뒤 같은 크기로 썬다. 샐러리도 겉면의 섬유질을 벗기고 같은 크기로 썰고, 방울토마토는 2등분한다.
4. 마요네즈드레싱 재료는 설탕이 녹을 때까지 섞어 준비한다.
5. ④에 치킨너겟과 사과, 오이, 샐러리, 방울토마토를 넣어 버무린다.
6. 접시에 담고 어린잎채소를 중앙에 올린 뒤 볶은 호두를 뿌린다.

STEADY SELLER 08
죽

TYPE
☐ 채소죽/버섯죽/김치죽
☐ 미역죽/새우죽/낙지죽/전복죽
☐ 닭죽/소고기죽
☐ 단호박죽/팥죽/잣죽
☐ 마시는 단호박/고구마죽

STORAGE
실온/냉장/냉동
1개월~1년(미개봉)

슬로우푸드인 죽도 대표적인 레토르트 식품이다. 죽은 곡물을 주재료로 물을 붓고 푹 끓여낸 유동식으로 보통 쌀과 물의 비율은 1:6으로 잡는다. 초기에는 환자식으로 애용되었으나 요즘엔 2~3분이면 완성되는 빠른 조리시간으로 바쁜 아침식사 대용으로도 인기다. 캔 제품은 전용용기나 냄비에 옮겨 데우고, 내열 플라스틱과 파우치 제품은 뚜껑을 열어 전자레인지에서 데우길 권한다. 분말이나 냉동제품은 권장 비율대로 물을 붓고 끓여 조리한다.

COOKING TIP
❶ 달걀, 데친 두부, 데친 채소를 더해 부족한 영양소를 보충해요.
❷ 김칫국물과 다진 김치를 넣고 끓이면 칼칼한 해장죽이 완성되어요.
❸ 오븐용기에 붓고 치즈를 뿌려 구우면 부드러운 그라탕도 뚝딱입니다.

죽으로 그라탕을 만들다!

라이스그라탕

부드러운 죽 위에 바삭하게 토스트한 식빵 크루통을 올리고, 피자치즈를 뿌려 오븐에 구웠습니다. 간단한 과정만으로도 양식 느낌을 낼 수 있지요. 오븐에서 꺼내 따뜻하게 바로 드세요.

죽 2팩 (800g) + 식빵 1장, 피망 1/4개, 양송이버섯 2개, 새우살 1/2컵, 슈레드 모짜렐라치즈 1컵, 들기름 1큰술, 소금·후춧가루·파슬리가루 약간씩

1 식빵은 사방 2cm 크기로 깍둑썰고, 피망과 양송이버섯은 굵게 다진다.
2 깍둑썬 식빵을 중약불로 달군 마른 팬에서 바삭하게 토스트한다.
3 팬에 들기름을 둘러 양송이버섯→새우살→피망 순으로 넣고 소금, 후춧가루를 뿌려가며 중불에서 볶는다.
4 ③에 죽을 붓고 따뜻하게 끓여 오븐용기에 담는다.
5 ④ 위에 토스트한 식빵→슈레드 모짜렐라치즈→파슬리가루 순으로 올린다.
6 190℃로 예열한 오븐에서 치즈가 녹을 때까지 약 15분간 구워 완성한다.

5

죽에 수란을 담다!

수란죽

죽에 수란을 얹어 부드러운 식감과 영양을 더했어요. 재료는 심플하고 단출하지만 속이 불편하거나 입맛 없을 때 부담 없이 즐기기 좋지요. 수란은 깨뜨려 섞어 드세요.

죽 2팩 (800g) + 김가루 2큰술, 부순 참깨·참기름 2작은술씩
수란 달걀 2개, 식초 2큰술, 소금 1작은술, 물 4컵

1. 냄비에 물을 붓고 센불에서 끓어오르면 약불로 줄여 식초와 소금을 넣는다.
2. 달걀은 깨어 작은 볼에 담아 조심스럽게 ①에 넣고 바닥에 가라앉지 않도록 나무숟가락으로 가장자리를 살살 저으면서 띄워 수란을 만든다.
3. 달걀흰자가 불투명하게 변하면 1분 30초간 더 익힌 뒤 체반으로 조심히 건진다.
4. 냄비에 죽을 붓고 눌러붙지 않게 저어가며 끓인다.
5. 그릇에 죽과 수란을 올리고 김가루, 부순 참깨, 참기름을 뿌린다.

죽을 버전 업 시키다!

경상도식 김치콩나물죽

'갱시기죽'으로도 불리는 경상도에서 즐겨 먹는 죽입니다. 찬밥에 배추김치, 무김치를 대충 썰어 넣고 콩나물, 떡, 달걀 등 그때그때 있는 재료를 더해 걸쭉하게 끓여내지요. 오늘은 죽으로 끓여봅니다.

죽 2팩 (800g) + 김치·김칫국물·떡국떡 1/2컵씩, 콩나물 1줌, 쪽파 2대, 달걀 2개, 참기름 1큰술, 설탕 1작은술, 물 1컵

1 김치는 양념을 털어 잘게 다진다.
2 콩나물은 씻어 물기를 제거하고, 쪽파는 송송 썬다.
3 떡국떡은 끓는 물 1컵에 넣어 2분간 말랑하게 데쳐 건진다.
4 냄비에 김치와 참기름, 설탕을 넣고 중불에서 2분간 볶는다.
5 ④에 죽, 콩나물, 떡국떡, 김칫국물, 물을 붓고 10분간 저어가며 끓인다.
6 달걀을 넣고 젓지 말고 그대로 익혀 그릇에 담은 뒤 송송 썬 쪽파를 올린다.

051

새우튀김

STEADY SELLER 09

TYPE
- 생물 통새우튀김
- 칵테일새우튀김
- 새우볼튀김

STORAGE
냉동 1~3개월(미개봉)

PREPARE
냉동 상태 그대로 사용

레토르트 새우튀김은 튀긴 새우의 종류에 따라 조리법도 달라진다. 물반죽만 입힌 칵테일새우를 1차로 튀겨 급속 냉동한 칵테일새우튀김은 자체에 기름기가 충분해 오븐이나 에어프라이어에 굽듯이 조리하는 게 좋다. 반면 몸통 껍질만 제거한 통새우에 달걀과 빵가루 옷을 입혀 급속 냉동한 통새우튀김은 직접 달군 기름에 튀겨야 속까지 익으면서 바삭해진다. 두 타입 모두 튀김옷이 금방 눅눅해지니 해동과정 없이 바로 조리하길 권한다. 적정 튀김 온도는 180℃.

COOKING TIP

1. 생물 통새우튀김은 부드러운 크림소스와 찰떡 궁합이에요.
2. 통새우튀김을 밥과 면 등의 메인요리 위에 토핑으로 올려요.
3. 핫도그에 소시지 대신 통새우튀김을 사용해요.
4. 칵테일새우튀김은 칠리새우, 마요새우처럼 걸쭉한 소스에 버무려요.

새우튀김으로 핫도그를!

쉬림프롤

이태원 핫플레이스의 인기 메뉴로, 집에서 만들기 쉽게 변형했습니다. 쫄깃한 빵 사이에 소시지 대신 새우튀김을 넣고 부드러운 크림치즈소스를 더했지요. 고소한 새우튀김핫도그를 즐겨보세요.

새우튀김 2마리 + 버터롤 2개, 아보카도 1/4개, 샐러리 10cm, 치커리 4줄기, 스위트콘 2큰술, 식용유 4큰술
소스 크림치즈 또는 마요네즈 4큰술, 스리라차소스 또는 칠리소스 1과1/2큰술, 꿀 1/2큰술, 후춧가루 약간

1 아보카도와 샐러리는 사방 0.7cm 크기로 깍둑썰고, 치커리는 빵에 맞춰 썬다.
2 냉동 새우튀김은 중불에 달군 식용유에 굴려가며 노릇하게 튀겨 기름기를 뺀다.
3 크림치즈는 덩어리 없게 풀어 스리라차소스와 꿀, 후춧가루와 섞은 후 잘게 깍둑 썬 아보카도, 샐러리와 스위트콘을 넣어 섞는다.
4 빵 사이에 깊게 칼집을 내어 ③을 2큰술 펴바르고 새우튀김과 치커리를 얹는다. 그 위에 남은 ③을 올린다.

새우튀김으로 스페셜 요리를!

레몬망고프라이드쉬림프

프레시한 레몬즙과 달콤한 망고, 톡 쏘는 연겨자를 섞어 통새우튀김에 매칭해요. 평범한 새우튀김이 근사한 요리가 됩니다. 망고와 토마토는 물이 생기기 쉬우니 먹기 직전에 소스에 버무려내요.

새우튀김 6마리 + 망고(키위 또는 사과) 1/2개, 방울토마토 5개, 식용유 7큰술
소스 바질잎 4장, 마요네즈 3큰술, 레몬즙·꿀 1큰술씩, 연겨자 1/2큰술

1 망고는 사방 1cm 크기로 썰고, 방울토마토는 4등분한다.
2 바질잎은 채썰어 볼에 넣고 나머지 소스 재료를 넣어 골고루 섞는다.
3 냉동 새우튀김은 중불로 달군 식용유에 굴려가며 노릇하게 튀겨 기름기를 뺀 뒤 먹기 좋게 등분한다.
4 소스에 망고와 방울토마토를 버무려 새우튀김과 함께 담는다.

새우튀김으로 김밥을!

통새우김밥

두툼한 튀김옷의 새우튀김을 통째로 2개나 넣은 든든한 김밥입니다. 아삭한 오이와 당근, 향긋한 깻잎을 더해 튀김의 느끼함을 잡았어요.

새우튀김 4마리 + 김밥용 김 2장, 밥 2공기, 오이 1/3개, 당근 1/5개, 슬라이스 치즈·깻잎 2장씩, 김밥용 단무지 2줄, 김밥용 우엉조림 4줄, 머스터드소스 3큰술, 참기름·소금 약간씩, 식용유 6큰술
밥 밑간 참기름 2큰술, 부순 참깨 1큰술, 소금 1/2작은술

1. 오이와 당근은 채썰고, 슬라이스 치즈와 깻잎은 반 자른다.
2. 밥은 뜨거울 때 밑간해 한 김 날린다.
3. 당근은 식용유 1/2큰술을 센불에 달구어 소금을 약간 뿌려가며 10초간 볶아 식힌다.
4. 냉동 새우튀김은 남은 식용유를 중불로 달구어 노릇하게 굴려 튀겨 기름기를 뺀다.
5. 김발 위에 김을 거칠거칠한 부분이 위로 올라오게 깔고 ②의 밥을 3/4 채운다.
6. ⑤ 위에 치즈→깻잎→오이·당근·단무지·우엉조림→새우튀김→머스터드소스 순으로 올려 돌돌 만다.
7. 김밥 겉면에 참기름을 솔로 얇게 바르고 먹기 좋은 크기로 썬다.

볶음밥

STEADY SELLER 10

TYPE
- 채소볶음밥
- 새우볶음밥/해물볶음밥
- 닭가슴살볶음밥/불고기볶음밥
- 김치볶음밥/달걀볶음밥

STORAGE
냉동 1년(미개봉)

PREPARE
냉동 상태 그대로 조리

그대로 볶기만 하면 완성인 볶음밥도 대표적인 레토르트 식품이다. 기본 간과 양념이 되어 있어 추가 양념 없어 스피디하게 즐기기 좋다. 기름을 약간 두른 팬에 냉동 상태 그대로 넣고 덩어리를 풀어가며 볶으면 2분만에 완성. 최근엔 치밥에 이르기까지 트렌드를 접목시킨 아이템이 늘고 있다. 닭갈비, 불고기 등 고기와 결합하거나 매콤, 담백 등의 맛을 강조하거나 현미 외 잡곡을 첨가한 볶음밥 등이 출시 중이다.

COOKING TIP
1. 종류와 상관 없이 카레, 짜장, 하이라이스, 각종 소스와 어울려요.
2. 오븐용기에 담고 치즈를 뿌려 구우면 그라탕이 되어요.
3. 달걀물과 섞어 팬에 납작하게 구워 밥전을 만들어요.

볶음밥으로 오므라이스를!

스크램블오므라이스

볶음밥만 먹기엔 뭔가 아쉬울 때 스크램블을 더해보세요. 부드러운 식감에 영양까지 더해 부족함이 느껴지지 않아요. 밥으로 즐기는 브런치로도 딱이에요.

볶음밥 2팩 (600g) + 송송 썬 쪽파 2대분, 슬라이스 치즈 2장, 토마토케첩 2큰술, 고추장 1큰술, 파슬리가루 약간, 식용유 3큰술
스크램블 달걀 3개, 우유 1/2컵, 맛술·버터·식용유 1큰술씩, 소금·후춧가루 약간씩

1 식용유 3큰술을 중불로 달구어 냉동 볶음밥, 토마토케첩, 고추장을 넣고 볶는다.
2 달걀, 맛술, 소금, 후춧가루를 풀어 우유와 섞은 뒤 체에 내려 알끈을 제거한다.
3 팬에 식용유와 버터를 1큰술씩 넣고 중약불에 올리고 ②의 달걀물을 부어 저어가며 스크램블한다.
4 몽글몽글 반숙으로 익으면 쪽파를 뿌리고 슬라이스 치즈를 얹어 불을 끈다.
5 그릇에 ①의 볶음밥을 담고 위에 ④의 스크램블을 얹은 후 파슬리가루를 뿌린다.

볶음밥에 크림소스를!
크림소스 김치볶음밥

볶음밥에 잘 익은 김치를 넣고 스피드하게 김치볶음밥을 만들어요. 수제 크림소스를 곁들이면 스페셜한 볶음밥이 완성됩니다.

볶음밥 2팩(600g) + 다진 김치 1컵, 대파 15cm, 달걀 2개, 식용유 4큰술, 파슬리가루 약간
크림소스 청양고추 1개, 양송이버섯 2개, 파마산치즈 3큰술, 버터·밀가루 2큰술씩, 소금 1/3작은술, 후춧가루 약간, 우유 2컵
양념장 고추장·간장·올리고당·참기름 1큰술씩

1. 대파와 청양고추는 송송 썰고, 양송이버섯은 얇게 납작썬다.
2. 버터를 중약불에서 녹인 후 밀가루를 1분간 볶다가 우유를 조금씩 부어가며 걸쭉하게 끓인다. 나머지 크림소스 재료를 모두 넣고 1분간 끓여 크림소스를 완성한다.
3. 식용유 1큰술을 둘러 달걀프라이를 한다.
4. 팬에 식용유 3큰술을 둘러 중약불로 달구어 대파를 볶아 향을 내다가 다진 김치와 양념장 재료를 모두 넣고 1분간 볶는다.
5. ④에 냉동 볶음밥을 섞어가며 중불에서 볶아 접시에 크림소스와 함께 담는다. 달걀프라이를 얹고 파슬리가루를 뿌려 마무리한다.

볶음밥으로 피자를!
원팬누룽지피자

볶음밥에 달걀을 넣고 고슬하게 볶다가 편편히 펼쳐 치즈를 뿌려요. 약불에서 뭉근히 익히면 팬 바닥에 누룽지도 생겨요.

볶음밥 2팩(600g) + 블랙올리브 슬라이스·식용유 3큰술씩, 토마토케첩·마요네즈 2큰술씩, 슈레드 모짜렐라치즈 1컵, 파슬리가루 약간
볶음밥 믹스 달걀 1개, 굴소스 1큰술, 바질가루 약간

1. 냉동 볶음밥에 믹스 재료를 넣고 버무린다.
2. 식용유를 중불에 달군 팬에 ①을 넣고 저어가며 볶는다.
3. 밥알이 투명해지면서 절반 이상 익으면 팬 바닥에 펼친다.
4. ③에 슈레드 모짜렐라치즈와 블랙올리브 슬라이스를 올린 뒤 뚜껑을 덮고 약불로 뭉근히 치즈를 녹인다.
5. 치즈가 녹고 바질 향이 올라오면 불을 끄고 토마토케첩과 마요네즈를 지그재그로 뿌린다. 파슬리가루로 마무리한다.

STEADY SELLER 11
육개장

TYPE
- ☐ 소고기육개장
- ☐ 차돌육개장
- ☐ 대파육개장

STORAGE
서늘한 실온/냉장
1~3개월(미개봉)

칼칼한 국물 맛을 즐기는 한국인에게 인기 있는 반조리 식품이다. 소고기 양지를 넣고 끓이는 전통적 육개장에서 벗어나 차돌박이, 대파, 고추기름 등을 추가한 메뉴로 특화되는 중이다. 파우치 자체를 뜨거운 물에 넣고 데우거나 개봉해 냄비에 끓여 먹는데, 이때 남은 국물은 쉽게 상할 수 있으므로 최대한 빠르게 섭취한다. 육개장을 국물 베이스로 삼아 다양한 변형 요리가 가능하다.

COOKING TIP
❶ 물이나 육수를 추가해 수제비, 칼국수, 소면 등으로 면요리를 만들어요.
❷ 두부, 채소, 버섯, 만두 등 풍성한 재료와 함께 전골로 먹어요.
❸ 남은 국물에 밥과 다진 채소를 넣고 매콤죽을 끓여요.

육개장으로 칼국수를!

육개장칼국수

입맛 없는 날 얼큰한 국물에 부들부들한 면을 넣은 칼국수 어떠세요? 시판 육개장에 칼국수와 채소 몇 가지만 넣어 후다닥 만들어봅시다. 초간단 면요리로 추천해요.

육개장 1.5팩 (750g) + 생 칼국수 2줌(300g), 청양고추 1개, 들깨가루 1큰술
숙주볶음 숙주 1줌, 식용유 1큰술, 소금·후춧가루 약간씩

1. 청양고추는 송송 썰고, 숙주는 씻어 물기를 제거한다.
2. 생 칼국수는 끓는 물 4컵에 2분간 저어가며 삶고 찬물에 헹궈 전분기를 씻어낸다.
3. 냄비에 육개장을 붓고 중불에서 끓어오르면 삶은 칼국수를 넣어 2분간 끓인다. 청양고추를 넣고 30초 후에 불을 끈다.
4. 숙주는 식용유를 센불로 달구어 소금, 후춧가루를 뿌려가며 재빨리 볶는다.
5. 그릇에 ③의 육개장칼국수를 담고 숙주볶음과 들깨가루를 얹는다.

육개장으로 해장국을!

소고기해장국

소고기육개장에 밥을 넣어 얼큰한 해장죽을 만들었어요. 다진 김치로 식감도 살렸죠. 마지막에 향긋한 부추 더하니 향도 한껏 삽니다. 칼칼한 고추기름이 속을 확 풀어줘요.

육개장 1팩 (500g) + 밥 1과1/2공기, 김치 1/2컵, 부추 1/3줌, 달걀흰자 1개분, 고추기름 2큰술 만드는 법 P016 참조, 국간장 적당량, 물 1컵

1 김치는 물에 헹궈 물기를 꼭 짜서 굵게 다지고, 부추는 5cm 길이로 썬다.
2 냄비에 밥과 육개장, 물을 붓고 센불에 올려 끓어오르면 중약불로 줄인다. 눌러붙지 않게 중간중간 저어가며 뭉근히 끓인다.
3 밥알이 부드럽게 풀리면 김치를 넣고 끓인다.
4 다시 끓어오르면 달걀흰자를 풀고 조금씩 흘려 붓는다.
5 그릇에 담고 부추와 고추기름을 뿌린다. 간이 부족하면 국간장을 더한다.

육개장으로 전골을!

두부육개장전골

육개장 한 팩으로 끓인 전골입니다. 전골냄비에 두부와 채소, 버섯, 만두 등을 둘러 담고 육개장을 부어 끓이기만 하면 되지요. 뜨끈하게 즐겨요.

육개장 1팩 (500g) + 두부 2/3모, 배추 4장, 유부 1/2컵, 콩나물 1줌, 대파 10cm, 청고추·홍고추 1개씩, 표고버섯 2개, 팽이버섯 1/2줌, 만두 4개, 다진 마늘 1/2큰술, 후춧가루 약간, 물 1/2컵

1 두부와 배추, 유부는 한입 크기로 썰고, 콩나물은 씻어 물기를 제거한다. 대파와 고추는 어슷썰고, 버섯은 모두 밑동을 제거해 표고버섯만 도톰하게 납작썬다.
2 냄비에 ①과 만두를 돌려 담는다.
3 ②에 육개장, 다진 마늘, 후춧가루, 물을 넣고 센불에 올린다.
4 끓어오르면 중불로 줄여 5분간 더 끓이다가 먼저 익은 재료부터 건져 먹는다.

STEADY SELLER 12

동그랑땡

TYPE
☐ 고기동그랑땡   ☐ 치킨동그랑땡
☐ 해물동그랑땡   ☐ 채식동그랑땡
☐ 청양고추매콤동그랑땡

STORAGE
냉동 6개월(미개봉)

PREPARE
냉장해동 1일
실온해동 최소 30분

둥글납작하게 빚은 고기완자전의 기본은 돼지고기. 종류별로 소고기, 닭고기, 해물, 채소, 두부 등을 섞어 만들며, 고기를 넣지 않은 채식 버전도 등장했다. 주로 달걀옷을 입혀 기름에 굽는데 이때 밀가루를 살짝 묻힌 후 달걀옷을 입혀 구우면 달걀옷이 분리되지 않는다. 동그랑땡 그대로 굽는다면 충분히 달군 기름에 올리거나, 기름을 살짝 발라 오븐이나 에어프라이어에 굽는다.

COOKING TIP
❶ 간장, 데리야끼소스에 졸이면 밥반찬으로 즐기기 좋아요.
❷ 굽거나 졸여 채소와 함께 밥 위에 얹으면 맛있는 덮밥이 완성되어요.
❸ 비슷한 크기의 빵 사이에 넣어 미니 버거처럼 즐겨요.
❹ 굵게 다지면 소스나 볶음밥 재료로 활용 가능해요.

동그랑땡을 곱게 다지다!

라구소스파스타

라구소스는 모든 재료를 다져 만들지요. 다진 동그랑땡과 양파, 버섯, 마늘로 라구소스를 만들었습니다. 소스에 페퍼론치노를 넣어 매콤함을 살려도 좋아요.

동그랑땡 6개 + 파스타 2줌(160g), 파르미지아노 레지아노 적당량, 통후추 약간
라구소스 마늘 4쪽, 양파 1/2개, 당근 1/8개, 양송이버섯 3개, 샐러리 10cm, 올리브유 2큰술, 토마토소스 3/4컵, 화이트와인 1/2컵, 굴소스 1과1/2큰술 with 다진 동그랑땡

1 해동한 동그랑땡과 마늘은 곱게 다지고 양파, 당근, 양송이버섯, 샐러리는 사방 0.5cm 크기로 깍둑썬다.
2 팬에 올리브유를 두르고 마늘과 양파를 넣어 투명해질 때까지 볶아 향을 낸다.
3 ②에 다진 동그랑땡, 화이트와인을 넣고 3분간 볶다가 당근, 양송이버섯, 샐러리, 토마토소스, 굴소스를 넣고 걸쭉하게 끓여 라구소스를 완성한다.
4 파스타는 끓는 물 4컵에 소금 1/2큰술 분량 외을 넣고 6분간 삶아 체에 받친다.
5 접시에 파스타와 라구소스를 담고 파르미지아노 레지아노와 통후추를 갈아 뿌린다.

동그랑땡을 양념에 졸이다!

한입버거

평소 밥반찬으로 즐기는 동그랑땡으로 간식을 만들었습니다. 동그랑땡을 간장에 졸여 바게트 사이에 샌드하니 수제 불고기버거 같아요. 도시락 메뉴로도 좋아요.

동그랑땡 4개 + 바게트 16cm, 양상추 4장, 토마토 1개, 양파 1/4개, 슬라이스 치즈·깻잎 2장씩, 마요네즈·식용유 2큰술씩
조림장 스테이크소스 또는 돈가스소스 2큰술, 간장·물엿·맛술 1큰술씩, 후춧가루 약간

1. 바게트는 2cm 폭으로 납작하게 썰고, 양상추도 빵 크기에 맞춰 뜯는다.
2. 토마토는 1cm 두께로 납작하게, 양파는 채썬다. 치즈와 깻잎은 반 자른다.
3. 팬에 식용유를 두르고 중불로 달구어 해동한 동그랑땡과 양파를 넣고 볶는다.
4. ③에 조림장 재료를 모두 넣어 동그랑땡과 양파를 윤기나게 졸인다.
5. 바게트 안쪽에 마요네즈를 펴바르고 양상추&깻잎→토마토→④의 동그랑땡 양파조림→슬라이스 치즈 순으로 올려 남은 바게트로 덮는다.

동그랑땡을 밥과 굽다!

구운 달걀주먹밥

갓 지은 고슬한 밥에 참기름과 송송 썬 쪽파를 버무려요. 그 위에 구운 동그랑땡을 올리고 동그랗게 빚어 맛있는 주먹밥을 만듭니다. 쪽파는 김가루로 대체 가능해요.

동그랑땡 4개 + 뜨거운 밥 2공기, 송송 썬 쪽파 2대분, 달걀 2개, 소금 약간, 식용유 4큰술
밥 밑간 간장·참기름 2큰술씩, 소금 약간

1 밥이 뜨거울 때 송송 썬 쪽파와 밑간 재료를 넣고 버무린다.
2 해동한 동그랑땡은 식용유 2큰술을 중불로 달구어 굽는다.
3 밑간한 밥을 4등분해 둥글게 뭉친 뒤 동그랑땡을 올려 오므려 납작하게 빚는다.
4 넓은 볼에 달걀과 소금 약간을 풀어 ③의 주먹밥을 담가 달걀옷을 입힌다.
5 중불에 식용유 2큰술을 달구어 ④를 앞뒤 뒤집어가며 노릇하게 굽는다.

STEADY SELLER 13
피자

TYPE
- 마르게리타피자/콤비네이션피자
- 불고기피자/페퍼로니피자/고르곤졸라피자
- 시카고피자/씬도우피자/롤스틱피자
- 한입피자/사각조각피자

STORAGE
냉동 1년(미개봉)

PREPARE
실온해동 30분

피자는 발효한 밀가루 반죽 위에 토마토소스와 치즈를 올려 구운 이탈리아 요리다. 도우가 얇고 토핑이 심플한 이탈리아식 피자와 달리 미국식 피자는 도우도 두툼하고 치즈, 햄 등의 토핑의 양도 많다. 한국식 피자는 정해진 틀 없이 도우와 토핑 모두 독창적인 편. 특히 1인 가구에 맞춰 한 번에 먹기 좋은 롤피자, 한입 피자, 조각피자가 인기다. 냉동 피자의 해동시간은 30분을 넘지 않아야 조리 시 반죽이 붙지 않는다.

COOKING TIP
1. 도우가 얇은 화덕식 씬피자는 롤피자빵, 깔조네 등으로 변형 가능해요.
2. 도우가 도톰한 팬피자는 찍어 먹을 수 있는 딥소스와 곁들여요.
3. 페페로니, 베이컨, 콘치즈 같은 기름진 피자는 매콤한 칠리딥소스가 어울려요.
4. 담백한 불고기, 콤비네이션피자는 허니머스터드, 갈릭마요네즈처럼 크리미한 소스와 내요.

피자로 식사빵을 굽다!

깔조네

깔조네는 발효한 밀가루 반죽에 고기, 햄, 채소, 치즈를 넣고 반달 모양으로 접어 오븐에 구운 이탈리아 요리입니다. 레토르트 피자로 만드는 간단 레시피를 소개해요.

피자 1판 (400g) + 슈레드 체다&모짜렐라치즈 2/3컵, 달걀물 3큰술
소시지볶음 소시지·스위트콘 1/3컵씩, 토마토소스 3큰술, 바질가루·후춧가루 약간씩, 식용유 1큰술

1 냉동 피자는 실온에서 도우가 반으로 부드럽게 접힐 정도로 해동한다.
2 소시지는 0.5cm 폭으로 송송 썰고, 스위트콘은 물기를 제거한다.
3 팬에 식용유를 두르고 중불에 달구어 소시지를 볶은 뒤 스위트콘과 토마토소스, 바질가루, 후춧가루를 넣어 버무린다.
4 해동한 피자 위에 ③의 소시지볶음과 치즈를 올린 뒤 반 접어 달걀물을 펴바른다.
5 굽는 동안 벌어지지 않도록 도우 가장자리를 이쑤시개로 고정한다.
6 170℃로 예열한 오븐에서 약 20분간 구워 완성한다.

롤피자빵

피자로 롤빵을 말다!

한손에 들고 깔끔하게 먹을 수 있는 돌돌말이 피자예요. 도우 사이에 소스와 치즈가 말려 있어 시간이 지나도 촉촉하지요. 피자 도우에 달걀물을 발라 구우면 구움색이 더 진해져요.

피자 1판 (335g) + 베이컨 3줄, 슬라이스 치즈 1장, 핫소스·마요네즈·파슬리가루 적당량씩

1 냉동 피자는 실온에서 도우가 반으로 부드럽게 접힐 정도로 해동한다.
2 슬라이스 치즈는 반 자른다.
3 해동한 피자 위에 베이컨과 치즈를 올린 뒤 김밥 말듯이 돌돌 만다.
4 ③을 머핀 틀 80% 높이에 맞추어 썰고 단면이 위를 향하도록 틀에 넣는다.
5 170℃로 예열한 오븐에서 10분간 굽고 위아래를 뒤집어 3분간 더 굽는다.
6 접시에 올려 핫소스, 마요네즈, 파슬리가루를 취향대로 뿌린다.

피자 위에 샐러드를 올리다!

샐러드피자

레토르트 피자가 지겹게 느껴지는 날, 특별하게 즐겨보세요. 노릇하게 구운 피자 위에 샐러드를 가득 얹어 한 조각씩 돌돌 말아 먹어요. 먹는 재미까지 더해요.

피자 1판 (335g) + 샐러드 잎채소 2줌, 방울토마토 5개, 블루베리 1/3컵, 파마산치즈 1큰술
드레싱 다진 양파·레몬즙·올리브유 2큰술씩, 꿀 1작은술, 소금 약간

1. 냉동 피자는 30분 실온해동해 180℃로 예열한 오븐에서 15분간 구워 6~8등분한다. 제품마다 굽는 온도가 다르니 포장지의 레시피를 참고한다.
2. 샐러드 잎채소는 먹기 좋게 찢고, 방울토마토는 반 자른다. 블루베리는 씻어 물기를 제거한다. 냉동 블루베리를 사용해도 좋다.
3. 드레싱 재료는 레몬즙과 올리브유가 완전히 섞일 때까지 골고루 섞는다.
4. ③에 준비한 채소와 블루베리를 버무려 피자 위에 올리고 파마산치즈를 뿌린다.

STEADY SELLER 14

떡갈비

TYPE
- 숯불떡갈비
- 한우떡갈비/마늘떡갈비
- 한입떡갈비
- 떡갈비스테이크

STORAGE
냉동 3개월(미개봉)

PREPARE
실온해동 30분
전자레인지 해동 2분

임금님 수라상에 올리던 고급 음식으로 소고기 갈비살에 간장, 꿀, 참기름, 마늘, 대파 등의 양념과 향신채소로 맛을 낸다. 소고기 100%보다는 돼지고기를 약간 섞은 타입이 식감이 더 부드럽다는 평. 전통 방식은 석쇠에 올려 숯불에 굽는데 최근에는 숯불 향이 밴 불맛떡갈비도 등장했다. 크기에 따라 한입 크기로 빚은 떡갈비완자, 스테이크처럼 썰어 먹는 큼직한 떡갈비스테이크, 함박떡갈비 등이 있다.

COOKING TIP
❶ 자체 양념이 되어 있어 구울 때 타기 쉬우니 중약불에서 뭉근히 익혀요.
❷ 간이 없는 채소, 버섯류를 구워 곁들이면 스테이크가 완성되어요.
❸ 잘게 다져 볶음밥 재료로 활용해요.
❹ 단맛을 낮추고 싶다면 부추와 양파, 고추, 마늘을 넣은 생채를 곁들여요.

떡갈비로 스테이크를 굽다!

스노우토마토떡갈비스테이크

하얀 치즈가 솔솔 뿌려진 스노우 스테이크를 아시나요? 달달한 떡갈비에 도톰한 토마토를 함께 구워내요. 초스피드로 스테이크 한 접시가 만들어져요.

떡갈비 2개 + 토마토 1개, 프레시 모짜렐라치즈 60g, 파르미지아노 레지아노 적당량, 올리브유 1큰술, 후춧가루 약간, 식용유 2큰술씩
루꼴라샐러드 루꼴라 1/2줌, 화이트와인 식초·올리브유 1큰술씩, 소금 약간

1. 토마토와 프레시 모짜렐라치즈는 모양대로 1cm 두께로 원형 슬라이스한다.
2. 해동한 떡갈비는 식용유를 중불로 달구어 굽고 바닥면이 익으면 뒤집는다.
3. ② 위에 프레시 모짜렐라치즈를 올려 녹인다.
4. 팬에 올리브유 1큰술을 두르고 토마토를 올려 후춧가루를 뿌려가며 굽는다.
5. 루꼴라샐러드 재료를 한 번에 버무려 샐러드를 만든다.
6. 접시에 ③과 구운 토마토를 담는다. 한쪽에 루꼴라샐러드를 올리고 파르미지아노 레지아노를 갈아 뿌린다.

떡갈비로 전을 부치다!
떡갈비파전

알싸한 쪽파 위에 떡갈비를 올리고 부침 반죽을 끼얹어 노릇하게 구워 보세요. 해물이나 고기 등을 넣지 않아도 맛있어요.

떡갈비 1개 + 쪽파 1줌, 양파 1/4개, 홍고추 1/3개, 달걀 1개, 식용유 5큰술
반죽 부침가루·물 3/4컵씩

1. 해동한 떡갈비는 식용유 2큰술을 중불에 달구어 앞뒤로 구운 뒤 1cm 폭으로 썬다.
2. 쪽파는 10cm 길이로 썰고, 양파는 채썰고, 홍고추는 송송 썬다.
3. 동량의 부침가루와 물을 섞어 반죽을 만든다.
4. 팬에 식용유 3큰술을 두르고 중불로 달구어 ③의 반죽 절반을 국자로 떠 넣고 동그란 모양을 잡는다.
5. ④에 쪽파, 양파, 떡갈비, 홍고추 순서로 올리고 남은 반죽을 끼얹는다.
6. 바닥면이 익으면 달걀을 풀어 골고루 붓고 뒤집어 노릇하게 굽는다.

떡갈비로 볶음장을 만들다!
떡갈비 약고추장쌈밥

떡갈비로 볶음고추장을 만들어요. 파, 마늘, 양파 등의 향신채소와 떡갈비만 있다면 충분하지요. 고추장마다 단맛이 다르니 조절하세요.

떡갈비 1개 + 밥 2공기, 양파 1/3개, 대파 10cm, 쌈채소 2줌, 참기름 1과 1/2큰술
양념 고추장·배즙 4큰술씩, 다진 마늘·청주 2큰술씩, 꿀 적당량, 후춧가루 약간, 물 1/2컵

1. 떡갈비, 양파, 대파는 다지고 쌈채소는 씻어 물기를 뺀다.
2. 팬에 참기름 1큰술을 두르고 약불로 달구어 다진 양파와 대파를 볶아 향을 낸 뒤 다진 떡갈비를 넣고 볶는다.
3. 떡갈비가 거의 다 익으면 꿀을 제외한 양념 재료를 모두 넣고 저어가며 걸쭉하게 끓인다.
4. 부족한 단맛은 꿀로 맞춘 뒤 참기름 1/2큰술을 섞어 불을 끈다.
5. 한 김 식혀 밥과 쌈채소와 함께 낸다.

STEADY SELLER 15
삼계탕

TYPE
- ☐ 찹쌀삼계탕
- ☐ 수삼삼계탕/들깨삼계탕
- ☐ 한방삼계탕/엄나물삼계탕
- ☐ 반계탕

STORAGE
실온/냉장/냉동
1~6개월

PREPARE
냉장해동 1일
유수해동 1시간

대표적인 보양식으로 닭에 인삼과 각종 한약제, 찹쌀, 녹두 등의 곡물을 넣고 푹 곤 요리다. 닭살과 국물을 분리해 각각 요리에 활용 가능하다. 보통 5호(450~550g)의 작은 영계를 사용하는데 닭뼈가 으스러질 정도 높은 압력으로 고거나 장시간 푹 끓여 깊은 국물 맛이 일품이다. 한끼에 부담 없는 반계탕도 인기를 모으고 있다.

COOKING TIP
1. 냉동 제품이라면 충분히 해동해 조리해요.
2. 진한 닭국물은 희석하고 채소류를 추가해 전골로 끓여요.
3. 삶은 라면, 수제비, 칼국수를 넣고 닭고기와 함께 먹어도 맛나요.
4. 양념만 넣어도 색다른 일품요리가 되어요.

삼계탕으로 전골을!

삼계버섯전골

보양식 대명사 삼계탕에 각종 버섯과 배추를 넣어 자작한 국물의 전골을 만들었습니다. 닭고기와 채소를 함께 먹을 수 있어 좋고, 양도 넉넉해 나눠 먹기 좋은 메뉴예요.

삼계탕 1팩 (1kg) + 백만송이버섯 2줌, 표고버섯 2개, 새송이버섯 1개, 배추 5장, 대파 15cm, 부추 1/2줌, 청고추·홍고추 1/2개씩, 다진 마늘·국간장 1큰술씩, 소금·후춧가루 약간씩
국물(4컵) 삼계탕 국물·다시마 우린 물 2컵씩
고추냉이간장 고추냉이 1/2큰술, 간장 3큰술, 식초 1큰술

1 버섯은 한입 크기로 납작썰고, 배추는 3cm 폭으로 어슷썬다. 대파는 반 갈라 부추와 함께 5cm 길이로 썰고, 고추는 어슷썬다.
2 삼계탕은 고기만 2~4등분해 부추를 제외한 채소와 함께 냄비에 담는다.
3 냄비에 삼계탕 국물과 다시마 우린 물을 붓고 센불에 올려 끓인다.
4 한소끔 끓으면 다진 마늘, 국간장, 후춧가루로 간해 중불로 낮춰 10분간 끓인다.
5 소금 간을 하고 부추를 얹어 1분 뒤 불을 끈다. 고추냉이간장을 만들어 곁들인다.

삼계탕으로 라면을!

삼계라면

일본에서 더 유명하다는 삼계라면을 삼계탕과 인스턴트 라면사리로 만들었습니다. 라면사리와 삼계탕의 국물 궁합이 좋아요. 삼계탕 자체에 밑간이 있으니 간은 마지막에 조절하세요.

삼계탕 1팩 (1kg) + 라면사리 2개, 콩나물 1줌, 대파 10cm, 청고추·홍고추 1/2개씩, 다진 마늘 1큰술, 국간장 2작은술, 소금·후춧가루 약간씩
국물(5컵) 삼계탕 국물 2컵·다시마 우린 물 3컵

1. 콩나물은 씻어 물기를 제거하고, 대파와 고추는 송송 썬다.
2. 삼계탕은 찹쌀을 긁어내고 닭고기와 국물만 남긴다. 닭다리는 통으로 뜯고 몸통은 결대로 잘게 찢는다.
3. 삼계탕 국물에 다시마 우린 물을 섞어 국물을 준비한다.
4. 냄비에 ③을 붓고 센불로 끓이다 라면사리와 콩나물을 넣고 뚜껑을 열어 끓인다.
5. 면발이 풀어지면 닭다리와 찢은 닭살, 대파, 고추, 다진 마늘, 국간장, 후춧가루를 넣고 끓인다.
6. 라면사리와 콩나물이 다 익으면 불을 끄고 부족한 간은 소금으로 맞춘다.

삼계탕으로 닭개장을!

대파닭개장

담백한 삼계탕도 좋지만 칼칼한 국물이 당길 때도 있지요. 닭 삶는 시간이 없을 때는 삼계탕을 이용해 조리시간을 줄여요. 닭고기는 결대로 찢고, 부재료와 양념장을 버무려 끓이기만 하면 됩니다.

삼계탕 1팩 (1kg) + 대파 20cm, 삶은 고사리 1/2줌, 콩나물 1줌, 청고추·홍고추 1개씩, 달걀 1개, 고추기름 1큰술
국물(4컵) 삼계탕 국물·다시마 우린 물 2컵씩
무침장 고춧가루 2큰술, 국간장 1큰술, 된장 1/2큰술, 다진 새우젓 1작은술, 후춧가루 약간

1. 대파는 길게 반 갈라 5cm 길이로 썰고, 삶은 고사리도 먹기 좋게 3등분한다. 콩나물은 씻어 물기를 제거하고, 고추는 어슷썬다.
2. 삼계탕은 고기와 국물을 분리해 고기는 결대로 찢고, 국물은 다시마 우린 물과 섞어 닭개장 국물을 준비한다.
3. 볼에 찢은 닭살, 삶은 고사리, 무침장 재료를 넣고 조물조물 무친다.
4. 냄비에 대파와 고추기름을 넣고 중약불로 볶아 ②의 국물과 ③의 무친 건더기를 넣고 센불로 끓인다.
5. 끓어오르면 중불로 줄여 5분간 끓인 뒤 콩나물과 고추를 넣고 5분 더 끓인다.
6. 달걀을 풀어 흘려 붓고 익으면 불을 끈다.

PART 2

요즘 인기 레토르트

후다닥 끼니 해결이 목표였던 레토르트 식품은 잊으세요. 레토르트의 기능이 서서히 바뀌고 있습니다. 브런치, 간식, 소스, 디저트까지 그 영역도 확장되고 있지요. 맛과 모양, 포장까지… 레토르트 식품은 지금 변신 중입니다.

NOW BESTSELLER 01
닭꼬치

TYPE
- ☐ 소금닭꼬치
- ☐ 숯불닭꼬치
- ☐ 양념닭꼬치
- ☐ 대파닭꼬치

STORAGE
냉동 6개월(미개봉)

PREPARE
팬 : 실온해동 1시간
오븐/에어프라이어 : 냉동 상태 그대로 사용

닭살을 꼬치에 꽂아 초벌구이해 냉동한 식품. 최근 가정용 화로의 등장에 힘입어 인기몰이 중이다. 다른 부재료 없이 닭고기만 양념 또는 소금 간해 초벌로 구운 타입이 일반적이다. 초벌식품이지만 반드시 해동 후 구워야 고기 속까지 제대로 익힐 수 있다. 특히 채소나 양념이 더해졌다면 냉동 상태 그대로의 열조리는 피한다.

COOKING TIP
❶ 채소나 양념이 추가된 닭꼬치는 반드시 충분히 해동 후 구워요.
❷ 소금구이는 머스터드소스, 데리야끼, 칠리소스 등의 딥소스와 곁들여요.
❸ 꼬치를 구워 밥이나 볶음면의 토핑으로 올려요.
❹ 핫도그 속재료로 넣어도 맛있어요.

닭꼬치로 플레이트를 만들다!

닭꼬치딥소스 3종

닭꼬치는 호불호가 거의 없지요. 그대로 구운 닭꼬치에 찍어 먹는 소스 몇 가지만 준비했습니다. 닭꼬치를 다채롭게 즐기는 방법이에요.

닭꼬치 6개	+	흑임자마요소스 흑임자 1과1/2큰술, 마요네즈 3큰술, 간장·꿀·식초 1작은술씩 레몬간장소스 레몬 1/4개, 간장 1과1/2큰술, 매실액 1큰술, 다진 마늘 1작은술 고추냉이스리라차소스 스리라차소스 2큰술, 다진 양파 1큰술, 고추냉이·꿀 1작은술씩

1. 흑임자는 곱게 갈아 나머지 재료와 섞어 흑임자마요소스를 만든다.
2. 레몬은 껍질을 얇게 다져 제스트를 만들고 남은 과육은 즙을 낸다. 나머지 재료와 섞어 레몬간장소스를 만든다.
3. 고추냉이의 덩어리가 완전히 풀리도록 섞어 고추냉이스리라차소스를 만든다.
4. 해동한 닭꼬치는 중불에 달군 식용유 2큰술 분량 외에 노릇하게 굽는다. 에어프라이어나 오븐에 구워도 좋다.
5. 준비한 3가지 딥소스를 곁들여 취향대로 찍어 먹는다.

닭꼬치로 볶음밥을 볶다!

치밥

매콤달콤한 양념치킨소스에 밥을 볶아 노릇하게 구운 닭꼬치를 곁들이면 인기 메뉴인 치밥이 완성됩니다. 꼬치에서 닭고기를 분리해 밥과 섞어 볶아도 맛있어요.

닭꼬치 4개 + 밥 2공기, 양파·피망 1/4개씩, 대파 15cm, 마늘 6쪽, 참깨 약간, 식용유 5큰술
볶음장 고추장·굴소스·물엿·맛술·스리라차소스 1큰술씩, 참기름 2큰술

1　양파와 피망은 굵게 다지고, 대파는 송송 썰고, 마늘은 납작썬다.
2　볶음장 재료는 모두 섞어 준비한다.
3　해동한 닭꼬치는 식용유 2큰술을 두른 팬에서 볶음장 3큰술을 발라가며 굽는다.
4　다른 팬에 남은 식용유를 두르고 중약불로 달궈 대파와 마늘을 볶아 향을 낸다.
5　④에 양파, 피망을 1분간 볶다가 밥을 넣어 볶는다. 남은 볶음장을 더해 볶는다.
6　접시에 볶음밥을 담고 ③의 양념한 닭꼬치를 얹고 참깨를 뿌린다.

닭꼬치로 탄두리치킨을 굽다!

탄두리치킨꼬치

인도의 주방 화덕인 탄두리에서 각종 향신을 더해 기름기 없이 구운 탄두리치킨은 참 매력적이죠. 닭꼬치와 시판 탄두리치킨소스로 간편하게 만들었어요.

닭꼬치 6개 + **탄두리치킨소스** 탄두리카소스 5큰술, 플레인요구르트 3큰술, 버터·맛술 2큰술씩, 다진 마늘 1큰술, 생강즙 1작은술
요구르트딥소스 플레인요구르트 4큰술, 다진 양파 3큰술, 레몬즙·꿀 1작은술씩, 소금·후춧가루 약간씩

1 버터를 녹인 후 나머지 재료와 섞어 탄두리치킨소스를 만든다.
2 해동한 닭꼬치에 ①의 탄두리치킨소스를 발라 냉장고에서 1시간 이상 숙성시킨다.
3 숙성시킨 닭꼬치는 170℃로 예열한 오븐에서 20분간 굽는다.
4 요구르트딥소스 재료는 섞어 준비한다.
5 구운 탄두리치킨꼬치에 요구르트딥소스를 곁들인다.

NOW BESTSELLER 02
떡볶이

TYPE
- ☐ 국물떡볶이
- ☐ 매운떡볶이/짜장떡볶이/크림떡볶이
- ☐ 밀떡볶이/쌀떡볶이/곤약떡볶이
- ☐ 가래떡떡볶이/구슬떡볶이

STORAGE
냉장 1~3개월
(미개봉)

떡볶이의 레토르트 변신은 끝이 없다. 떡과 양념장, 건조 파를 기본으로 떡의 종류나 형태, 양념까지 시기별로 유행하는 스타일도 제각각. 떡볶이는 양념장과 물의 비율, 떡을 조리는 시간에 따라 그 맛이 달라지는데, 최근엔 자작한 국물을 숟가락으로 떠먹는 국물떡볶이가 인기다. 재료의 비율, 조리시간, 방법을 변형해 입맛에 맞춰 즐기자.

COOKING TIP
(국물떡볶이 기준)

❶ 어묵과 만두, 면을 넣고 즉석떡볶이로 끓여요.
❷ 닭고기, 돼지고기를 추가해 닭볶음탕, 고기떡조림으로 만들어요.
❸ 과채나 깻잎 등의 향신채소를 얹어도 좋아요.
❹ 한입 크기로 김가루주먹밥을 만들어 떡볶이 국물에 찍어 먹어요.

떡볶이에 차돌박이를 넣다!

차돌떡볶이

고슬고슬 볶아낸 차돌박이와 파채가 어우러진 메뉴예요. 국물에 차돌박이와 파채, 깻잎을 푹 담가 떡과 함께 찍어 드세요. 분식이 이렇게나 근사하네요!

떡볶이 1팩 (420g) + 숙주·파채 1줌씩, 어묵 50g, 깻잎 5장, 키트 양념장 1봉, 물 2컵
차돌박이볶음 차돌박이 150g, 다진 마늘 1큰술, 소금·후춧가루 약간씩

1 숙주와 파채는 씻어 물기를 제거하고, 어묵과 깻잎은 한입 크기로 썬다.
2 냄비에 물을 붓고 키트 양념장을 넣고 중불에서 저어가며 끓인다.
3 끓어오르면 떡볶이떡을 넣고 5분간 끓인 뒤 어묵을 넣어 10분간 졸인다.
4 중불로 달군 팬에 차돌박이와 다진 마늘을 넣고 소금, 후춧가루를 뿌려가며 볶는다.
5 ③에 숙주를 섞어 2분간 끓이고 파채, 깻잎, 차돌박이볶음을 얹어 1분간 더 끓인다.

떡볶이에 짜장을 섞다!
매콤짜장 즉석떡볶이

춘장은 고추장과 섞기 좋은 양념이에요. 떡볶이 양념에 춘장, 물엿을 더하고 토핑을 넣어 푸짐한 즉석떡볶이로 즐겨보세요.

떡볶이 1팩 (420g) + 양배추 80g, 양파 1/2개, 당근 1/8개, 대파 15cm, 어묵 50g, 삶은 달걀·만두 2개씩, 라면사리 또는 쫄면 1개
국물 춘장·식용유 4큰술씩, 키트 양념장 1봉, 물엿 1과1/2큰술, 물 2컵

1. 양배추와 양파, 당근은 굵게 채썰고, 대파는 어슷썬다. 어묵은 한입 크기로 납작썬다.
2. 춘장은 중약불로 달군 식용유에 1분 정도 볶아 풍미를 낸다.
3. 남은 기름을 제거하고 나머지 국물 재료를 넣고 중불로 끓인다.
4. 떡볶이떡과 채소, 어묵, 삶은 달걀, 만두, 라면사리를 넣고 불에 올려 끓여가며 먼저 익은 재료를 건져 먹는다.

떡볶이에 닭고기를 졸이다!
깻잎닭떡볶음탕

떡볶이 양념으로 기본 맛을 내고, 닭의 진한 감칠맛과 통감자, 당근이 어우러진 국물닭떡볶음탕이에요. 깻잎은 먹기 직전에 넣어요.

떡볶이 1팩 (420g) + 감자 2개, 당근·양파 1/2개씩, 대파 20cm, 깻잎 15장, 팽이버섯 1줌, 다진 마늘 1큰술, 물 3컵
닭 데치기 토막닭 1마리(1kg), 월계수잎 1장, 청주 1/4컵, 물 5컵
볶음장 키트 양념장 1봉, 간장 3큰술, 고춧가루 2큰술, 물엿 1큰술, 후춧가루 약간

1. 감자, 당근, 양파는 큼직하게 썰고, 대파는 5cm 길이로 2등분한다. 깻잎은 돌돌 말아 곱게 채썬다.
2. 토막닭은 물 5컵에 끓이다 월계수잎, 청주와 넣고 2분간 데친다.
3. 오목한 팬에 데친 닭과 물 3컵, 볶음장 재료를 넣고 중불로 끓인다.
4. 끓어오르면 감자를 넣고 15분간 끓이다가 당근, 양파, 다진 마늘을 넣고 10분 더 끓인다.
5. 떡볶이떡과 대파를 넣고 10분 졸인 후 깻잎, 팽이버섯을 얹어 30초 뒤 불을 끈다.

NOW BESTSELLER 03

순대볶음

TYPE
☐ 양념순대볶음/매운순대볶음
☐ 백순대볶음/찹쌀순대볶음
☐ 들깨순대볶음/깻잎순대볶음
☐ 신림동순대볶음/목포순대볶음

STORAGE
냉장 6개월(미개봉)

야식 메뉴로 손꼽히는 순대볶음의 변신도 다채롭다. 순대는 소나 돼지 창자에 채소, 당면, 쌀, 피를 양념한 소를 넣은 요리로, 1차 수증기 가열 후 판매된다. 최근에는 순대에 양념장과 부재료가 추가된 볶음형 키트 타입이 주를 이룬다. 냉장 순대는 냉동실에 보관하면 점차 수분이 빠져 푸석해지니 냉장실에 두고 빠르게 먹는다.

COOKING TIP
❶ 식용유에 물을 약간 섞어 볶으면 촉촉하면서도 윤기나는 순대볶음이 완성돼요.
❷ 먹고 남은 순대는 달걀물을 입혀 노릇하게 구워요.
❸ 사골육수나 사골곰탕라면 수프를 활용해 순대국으로 만들어요.
❹ 양념장이 없다면 고춧가루, 간장, 마늘, 생강, 참기름, 후춧가루로 만들어요.

순대를 지지다!

순대달걀전

달걀옷을 입혀 기름에 지진 순대를 초간장이나 매운 양념장에 찍어 먹어요. 색다른 분식 메뉴에 눈이 떠집니다. 떡볶이 국물에 콕 찍거나 상추쌈에 싸먹어도 맛나요.

순대볶음 1팩(300g) + 달걀 2개, 쪽파 2대, 맛술 1큰술, 후춧가루 약간, 식용유 2큰술
초간장 간장·식초 1큰술씩, 참깨 1작은술

1 간장, 식초, 참깨를 섞어 초간장을 만든다.
2 쪽파는 송송 썰고 달걀, 맛술, 후춧가루는 골고루 풀어 섞는다.
3 ②에 순대와 송송 썬 쪽파를 넣고 섞는다.
4 팬에 식용유를 두르고 중불로 달구어 ③을 굴려가며 굽는다.
5 접시에 순대달걀전을 담고 ①의 초간장을 곁들인다. 키트 볶음장에 참기름을 섞어 찍어 먹어도 맛있다.

순대를 끓이다!

순대콩나물찜

순대와 볶음장이 들어 있는 키트에 콩나물, 미나리 등의 채소와 녹말물을 더해 걸쭉한 농도의 찜을 만들었습니다. 안주 요리로 추천해요. 간은 액젓으로 맞춰요.

순대볶음 1팩(300g) + 찜용 콩나물 2줌, 미나리 1줌, 대파 15cm, 녹말물(감자전분 1큰술, 물 2큰술), 참기름 1큰술, 참깨 1작은술
양념 키트 볶음장 1봉, 고춧가루 3큰술, 청주 2큰술, 다진 마늘 1과1/2큰술, 까나리액젓 1/2큰술

1. 순대는 한입 크기로 썰고, 콩나물은 머리와 꼬리를 제거한다.
2. 미나리는 5cm 길이로 썰고, 대파도 같은 길이로 반 가른다.
3. 냄비에 물 2컵과 소금 1작은술(분량 외)을 넣고 끓어오르면 콩나물을 넣어 센불로 뒤적이며 3분간 데친다. 콩나물 삶은 물 1과1/2컵은 따로 덜어둔다.
4. 콩나물 삶은 물에 순대와 양념 재료를 넣어 중불에서 끓인다.
5. 순대가 말랑해지면 데친 콩나물, 미나리, 대파를 넣어 30초간 볶다가 녹말물로 농도를 맞추고 참기름과 참깨로 마무리한다.

1

순대를 싸먹다!

찐순대양배추쌈

김이 오른 찜기에 순대와 양배추를 촉촉하게 쪄내 달큰한 막장을 곁들였어요. 간단한 레시피지만 양배추와 순대, 막장의 조화가 일품입니다.

순대볶음 1팩(300g) + 양배추 1/6통, 청주 1/4컵
막장 쌈장 4큰술, 사이다 3큰술, 다진 땅콩·다진 양파 2큰술씩, 다진 마늘·참기름 1큰술씩

1　양배추는 밑동을 제거해 낱장낱장 뜯는다.
2　찜기에 물을 붓고 끓기 시작하면 청주를 붓고, 찜틀 위에 순대와 양배추를 올려 15분간 찐다.
3　막장 재료를 모두 섞어 준비한다.
4　찐 순대는 먹기 좋은 크기로 썰어 찐 양배추, 막장과 곁들여 담는다.

NOW BESTSELLER 04

바비큐폭립

TYPE
- ☐ 훈연바베큐폭립
- ☐ 허니바비큐폭립
- ☐ 매콤칠리폭립
- ☐ 마라폭립

STORAGE
냉장 6개월(미개봉)

BBQ 소스를 발라 구운 돼지갈비구이로 바비큐폭립(BBQ Pork ribs) 또는 폭립(Pork ribs)으로 불린다. 돼지갈비의 핏물을 빼고 근육막을 제거한 뒤 초벌하거나 바로 바비큐소스를 발라 석쇠에 굽는다. 요즘은 차별화한 소스를 발라 초벌한 제품이 대부분. 팬에 데울 때는 뚜껑을 덮고 약불로 뭉근히 속까지 익히는데, 중간중간 뒤집어가며 익혀야 타지 않는다.

COOKING TIP
1. 살만 발라내 빵 사이에 채소와 함께 넣고 패티로 응용해요.
2. 폭립 그대로 작게 토막내 파스타나 볶음밥에 올려요.
3. 신선한 샐러드나 담백한 프렌치프라이 등의 사이드 메뉴와 세팅해요.

바비큐폭립으로 찜을!

바비큐폭립김치찜

등갈비 대신 바비큐폭립을 넣고 만든 김치찜입니다. 달달한 양념이 김치의 신맛을 중화시켜주지요. 자작하게 끓였더니 한 그릇 뚝딱입니다.

바비큐폭립 500g + 양파 1/2개, 대파 15cm, 청고추·홍고추 1개씩, 쌀뜨물 1과1/2컵, 김칫국물 1/2컵
김치볶음 김치 1/4포기, 들기름 2큰술, 설탕 1큰술
양념 맛술 3큰술, 고춧가루 2큰술, 다진 마늘 1과1/2큰술, 된장 1/2큰술, 국간장 적당량

1 바비큐폭립은 표면에 묻은 소스를 훑는다.
2 김치는 양념을 털고 길게 3등분해 냄비에 들기름, 설탕을 넣고 볶는다.
3 양파는 굵게 채썰고, 대파와 고추는 어슷썬다.
4 ②에 쌀뜨물과 김칫국물을 붓고 20분간 끓이다가 바비큐폭립과 양파, 국간장을 제외한 양념 재료를 넣고 15분간 더 끓인다.
5 대파와 고추를 넣고 5분간 더 끓인다. 부족한 간은 국간장으로 맞춘다.

바비큐폭립으로 퐁듀를!

치즈퐁듀에 빠진 BBQ

스위스 대표 치즈인 에멘탈치즈와 그뤼에르치즈를 섞어 치즈딥을 만들었어요. 데운 화이트와인에 치즈를 녹여 깊은 맛이 느껴지지요. 와인 대신 우유를 사용해도 되어요.

바베큐폭립 1kg + 화이트와인 1/2컵, 에멘탈치즈 100g, 그뤼에르치즈·체다치즈 50g씩

1 화이트와인을 중불에 올려 가장자리부터 끓어오르기 시작하면 불을 끈다.
2 에멘탈치즈와 그뤼에르치즈를 넣고 다시 약불에 올려 녹인다. 거의 다 녹으면 체다치즈도 함께 녹인다.
3 치즈가 녹을 동안 팬을 달구어 바비큐폭립을 앞뒤로 굽는다.
4 녹인 치즈를 구운 바비큐폭립에 곁들인다. 깍둑썬 빵을 함께 내도 좋다.

바비큐폭립으로 버거 패티를!

풀드포크버거

장시간 저온에서 익힌 돼지고기를 양념한 풀드포크. 달콤짭짤한 시판 바비큐폭립으로도 만들 수 있지요. 원조 풀드포크 못지않게 육질이 부드러워요.

바비큐폭립 300g + 햄버거용 번 2개, 양배추 2장, 적양파 1/4개, 당근 약간, 슬라이스 치즈 2장, 마요네즈 2큰술, 버터 1큰술
채소절임 식초 1/2큰술, 설탕 1작은술, 소금 1/3작은술

1 바비큐폭립은 살만 발라내고 양배추, 적양파, 당근은 채썬다.
2 채썬 채소는 식초, 설탕, 소금에 버무려 15분간 절인 뒤 숨이 죽으면 물기를 짜 마요네즈와 버무려 샐러드를 만든다.
3 햄버거용 번은 버터를 중불에 녹여 토스트해 건진다.
4 ③의 팬에 발라둔 바비큐폭립 살을 넣어 볶는다.
5 ④에 슬라이스 치즈 → 볶은 바비큐폭립 살 → 샐러드를 올리고 남은 번으로 덮는다.

1

NOW BESTSELLER 05
크루아상 생지

TYPE	STORAGE
☐ 크루아상 ☐ 미니크루아상	냉동 1~3개월(미개봉) **PREPARE** 실온해동 10~15분 미니 생지는 그대로 사용

미니오븐, 에어프라이어의 유행 속에 등장한 아이템이다. 크루아상(Croissant)으로 성형한 생지를 냉동한 형태로, 실온에서 15분간 해동해 오븐이나 에어프라이어에 구워내면 끝! 누구나 손쉽게 완성도 높은 크루아상을 만들 수 있어 만족도도 높다. 생지 크기에 따라 약간의 차이가 있지만 해동 시 최대 30분을 넘기지 않아야 반죽 속의 버터가 녹지 않아 구웠을 때 크루아상이 퍼지지 않는다.

COOKING TIP
❶ 달걀물을 얇게 발라 구우면 구움색이 돌아 더 먹음직스러워요.
❷ 와플기계로 납작하게 눌러 구운 뒤 메이플시럽을 뿌려 크로플을 만들어요.
❸ 깊게 칼집을 넣어 양상추와 햄을 넣고 샌드위치로 즐겨요.

크루아상 생지로 애플파이를!

크루아상애플파이

생지에 사과조림을 넣고 구우니 딱 애플파이예요. 생지를 활용하면 복잡한 베이킹도 단순해집니다. 칼집을 넣을 정도로만 해동해 바로 사용해요.

크루아상 생지 4개 + 사과 1/2개, 달걀물 2큰술, 버터·흑설탕·꿀 1큰술씩, 레몬즙 1/2큰술, 계피가루 1/2작은술

1 사과는 껍질을 벗겨 사방 0.5cm 크기로 깍둑썬다.
2 냄비에 사과, 버터, 흑설탕, 꿀, 레몬즙, 계피가루를 넣고 중약불에서 15분간 졸여 한 김 식힌다.
3 냉동 크루아상 생지는 실온에서 5~7분 해동해 길게 칼집을 넣는다.
4 크루아상 칼집 사이에 ②의 사과조림을 넣고 달걀물을 얇게 펴바른다.
5 175℃로 예열한 오븐에서 15분간 구워낸다.

크루아상 생지로 디저트를!

아이스크림 품은 꽃잎크루아상

겹겹이 부풀어오른 크루아상에 달콤한 아이스크림을 올려보세요. 또 다른 달달함의 세계가 열릴 거예요. 시럽과 과일을 곁들이면 손님초대용 디저트로도 좋아요.

크루아상 생지 2개 + 아이스크림 2스쿱, 달걀물 1큰술, 슈거파우더 1작은술

1 냉동 크루아상 생지는 실온에서 5~7분 정도 해동해 길게 칼집을 넣는다.
2 달걀물을 얇게 바르고 175℃로 예열한 오븐에서 15분 구워 완전히 식힌다.
3 칼집 넣은 부위를 살짝 벌려 준비한 아이스크림을 얹는다.
4 슈거파우더를 체에 내려 뿌린다. 다진 견과류나 시럽, 과일 등을 곁들여도 좋다.

크루아상 생지로 크로플을!

크루아상호떡

납작한 호떡이라고 다 같은 호떡이 아니죠. 크루아상에 달콤한 시럽과 견과류를 더해 와플기계에 눌러 구워보세요. 따뜻할 때 먹어야 버터의 고소한 풍미를 한껏 즐길 수 있어요.

크루아상 생지 2개 + 다진 견과류·꿀 1큰술씩, 흑설탕 1작은술, 계피가루 1/2작은술

1 냉동 크루아상 생지는 실온에서 5~7분 정도 해동한다.
2 다진 견과류와 꿀, 흑설탕, 계피가루를 섞는다.
3 해동한 생지를 가로로 칼집내 ②의 견과류계피설탕을 넣는다.
4 예열한 와플기계에 넣고 지그시 눌러가며 굽는다. 이때 설탕이 녹아 뜨거우니 조심한다.

NOW BESTSELLER 06
김부각

TYPE
☐ 찹쌀김부각
☐ 통김부각
☐ 조각김부각
☐ 매콤양념김부각

STORAGE
실온 1개월(미개봉)

김에 찹쌀풀을 발라 말린 뒤 뜨겁게 달군 기름에 튀겨낸 부각의 한 종류다. 다시마나 미역 등 다른 해초에 비해 식감이 부드럽고 염도도 낮아 스낵처럼 부담 없이 즐기기 좋다. 찹쌀풀을 끓일 때 채소, 다시마 등을 끓인 육수를 첨가해 감칠맛을 더하거나 매콤한 시즈닝을 더한 양념 김부각도 인기. 기름에 튀긴 식품이라 산패되거나 눅눅해지기 쉬우니 서늘한 곳에서 밀봉 상태로 보관해 빠르게 소진한다.

COOKING TIP
❶ 김부각 자체가 짭짤해 간이 없는 밥, 두부, 면, 떡 등과 잘 어울려요.
❷ 밥이나 국수 위에 올려 부숴가며 비벼 먹어요.
❸ 통김부각 위에 고기와 채소, 밥을 올려 쌈처럼 싸먹어요.

김부각에 토핑을!

김부각밥타코

바삭하고 고소한 김부각에 밥과 토핑을 올려 소스를 뿌려낸 퓨전 메뉴예요. 김부각 자체가 짭짤해 간도 딱이지요. 통부각을 조각내 한입으로 즐겨요.

통김부각 4장 + 밥 2공기, 양파·피망 1/4개씩, 아보카도 1/2개, 햄 70g, 게맛살 2줄(70g), 달걀 1개, 어린잎채소 1/2줌, 스위트콘 4큰술, 마요네즈·참기름·식용유 1큰술씩, 소금 1/4작은술
소스 칠리소스·머스터드소스 적당량씩

1 양파, 피망, 아보카도, 햄은 사방 0.5cm 크기로 깍둑썰고, 게맛살은 결대로 찢는다. 달걀은 소금을 약간 넣고 곱게 푼다.
2 팬에 식용유를 두르고 양파와 피망, 햄, 달걀을 각각 볶아 건진다.
3 밥은 참기름과 소금으로 버무리고, 게맛살은 마요네즈에 버무린다.
4 접시에 김부각과 준비한 모든 재료를 둘러 담고, 소스를 각각 담는다.
5 취향에 맞게 김부각 위에 밥과 준비한 토핑을 올리고 소스를 뿌려 먹는다.

김부각에 고기를!
김부각삼겹살쌈

바삭하고 고소한 김부각과 촉촉하고 쫄깃한 삼겹살의 매칭이 색달라요. 통김부각에 재료를 조금씩 올려가며 조각내 먹어요.

통김부각 4장 + 삼겹살 400g, 새송이버섯 1개, 양파·피망 1/2개씩, 비엔나소시지 5개, 마늘 1쪽, 쌈장 2큰술
파채무침 파채 1줌, 고춧가루 1/2큰술, 매실액·식초 1과1/2큰술씩, 간장·참기름 1큰술씩, 까나리액젓·부순 참깨 1작은술씩

1. 삼겹살, 새송이버섯, 양파, 피망은 한입 크기로 썰고, 비엔나소시지는 어슷하게 반으로 썰고 마늘은 납작썬다.
2. 센불로 달군 팬에 삼겹살과 마늘을 구워 기름이 빠지면 새송이버섯, 양파, 피망, 비엔나소시지를 굽는다.
3. 파채는 나머지 재료에 버무려 파채무침을 준비한다.
4. 구운 삼겹살과 채소, 소시지, 파채무침을 김부각 위에 올리고 쌈장을 곁들여 먹는다.

김부각에 버터밥을!
김부각 간장버터밥

초간단 한 그릇입니다. 일명 고양이밥이라고도 불리는 버터간장밥에 김부각을 더했어요. 뜨거운 밥에 버터를 녹여 짭조름한 김부각을 부숴가며 섞어 먹어요.

통김부각 4장 + 뜨거운 밥 2공기, 간장 3큰술, 버터·참기름 2큰술씩, 부순 참깨 1큰술

1. 김부각을 작게 토막낸다.
2. 볼에 뜨거운 밥, 간장, 버터, 참기름, 부순 참깨를 뿌리고, 김부각을 올린다. 간장의 양은 입맛에 따라 가감한다.
3. 버터가 녹으면 김부각을 부숴 비벼 먹는다.

NOW BESTSELLER 07

곱창볶음

TYPE
- ☐ 훈연양념곱창볶음
- ☐ 매운 불곱창볶음
- ☐ 순대곱창볶음

STORAGE
냉장/냉동 6개월
(미개봉)

PREPARE
실온해동 1시간

편의점 야식 1순위로 꼽히는 레토르트 메뉴. 소나 돼지의 내장인 곱창을 고추장 양념에 버무려 초벌한 뒤 급속 냉동한 식품이다. 그 인기가 높아지면서 숯불, 훈연 향을 비롯해 특정 맛집 스타일을 변형한 제품까지 등장했다. 충분히 해동한 후 단시간 조리하는 것이 맛의 포인트로, 볶는 시간이 길어질수록 곱창이 질겨질 수 있으니 주의한다.

COOKING TIP
❶ 식용유나 참기름, 물을 추가해 볶으면 윤기가 돌면서 촉촉해져요.
❷ 각종 향신채소와 떡, 당면, 쫄면 등을 취향껏 더해요.
❸ 깔끔한 멸치다시육수를 붓고 버섯과 배추 등을 더하면 곱창전골로 거듭나요.
❹ 볶음 자체에 물기가 없어 볶음밥, 볶음면으로 즐기기 좋아요.

곱창볶음을 면과 볶다!

곱창팟타이

평소 곱창을 즐기지 않아도 맛보면 반할 만한 면요리입니다. 곱창볶음이 부들부들한 쌀국수와도 잘 어울리지요. 취향에 따라 고수를 곁들여도 좋아요.

곱창볶음 2팩(300g) + 쌀국수 160g, 숙주 1줌, 부추 1/3줌, 양파 1/2개, 마늘 5쪽, 달걀 1개, 레몬 1/4개, 부순 땅콩 2큰술, 식용유 3큰술
양념 피시소스 또는 까나리액젓·굴소스·설탕 1/2큰술씩, 레몬즙 1/4개분, 참기름 1큰술

1. 쌀국수는 찬물에 30분간 담가 불린다.
2. 부추는 5cm 길이로 자르고, 양파는 채썬다. 마늘은 납작썬다.
3. 달걀은 식용유 1큰술을 중불에 달군 팬에 저어가며 볶아 건져둔다.
4. 식용유 2큰술을 더 둘러 해동한 곱창볶음과 양파, 마늘을 함께 볶는다.
5. 거의 익으면 피시소스, 굴소스, 설탕, 레몬즙, 불린 쌀국수와 숙주를 넣어 볶는다. 레몬즙은 즉석에서 짜 넣는다.
6. 골고루 섞이면 ③의 달걀볶음과 부추를 넣고 재빨리 볶는다. 마지막에 참기름과 부순 땅콩을 뿌린다.

곱창볶음을 팔팔 끓이다!

곱창전골

매콤한 곱창볶음에 갖은 채소와 다시마육수를 넣고 바글바글 끓이면 한잔 생각나는 얼큰한 국물요리가 됩니다. 버섯은 느타리버섯, 표고버섯, 새송이버섯, 팽이버섯 무엇이든 좋아요.

곱창볶음 2팩(300g) + 양파 1/2개, 애호박 1/3개, 콩나물·쑥갓·불린 당면 1줌씩, 깻잎 10장, 새송이버섯·느타리버섯·표고버섯 적당량씩, 대파 20cm, 청양고추 1개, 두부 1/4모, 소금·후춧가루 약간씩
국물 고춧가루·다진 마늘 2큰술씩, 들깨가루 1과 1/2큰술, 국간장 적당량, 다시마 우린 물 3컵

1. 양파는 굵게 채썰고, 애호박과 깻잎, 버섯은 5cm 길이로 납작썬다. 대파와 청양고추는 어슷썰고, 두부는 1cm 두께로 납작썬다. 쑥갓 밑동은 제거한다.
2. 전골냄비에 해동한 곱창볶음과 양파, 애호박, 콩나물, 버섯, 두부를 돌려 담고 다시마 우린 물에 나머지 재료를 섞어 국물을 만들어 붓는다.
3. 센불에 올려 끓어오르면 중불로 줄여 10분 정도 끓인다.
4. 불린 당면과 대파, 청양고추를 넣고 5분 더 끓인다. 소금과 후춧가루로 간한다.
5. 깻잎과 쑥갓을 넣고 1분간 더 끓여 마무리한다.

곱창볶음을 밥에 비비다!

청양곱창비빔밥

청양고추와 참기름으로 볶은 곱창볶음에 쌈채소와 반숙 달걀프라이로 맛을 냈습니다. 밥에 얹어 슥슥 비비면 달아난 입맛도 돌아오지요. 취향에 따라 콩나물무침, 무생채, 김치, 김가루 등을 더하세요.

곱창볶음 2팩(300g) + 밥 2공기, 달걀·청양고추 2개씩, 상추 8장, 깻잎 10장, 참기름·식용유 2큰술씩, 참깨 약간

1 청양고추는 송송 썰고, 상추와 깻잎은 굵게 채썬다.
2 식용유를 둘러 달걀을 반숙으로 프라이한다.
3 해동한 곱창볶음과 청양고추, 참기름을 넣고 노릇하게 볶는다.
4 그릇에 밥을 담고 ③과 상추, 깻잎, 달걀프라이를 올리고 참깨를 뿌린다.

NOW BESTSELLER 08

연어

TYPE
- ☐ 마리네이드 연어
- ☐ 훈제연어
- ☐ 연어필렛(구이용 토막연어)
- ☐ 통조림 연어

STORAGE
실온/냉장/냉동
1~6개월

PREPARE
밀봉 유수해동
15~30분

특유의 풍미로 호불호가 갈리는 식품이다. 허브 마리네이드로 풍미를 높이거나 훈제 슬라이스, 스테이크용 덩어리, 자숙 통조림 등 맛과 형태를 차별화한 제품들이 눈에 띈다. 냉동 연어라면 해동 후 면포나 키친타월로 물기를 제거해 사용한다. 물기가 남아 있으면 생선의 육질이 뭉개지고 식감이 물컹해져 비린내가 날 수 있다.

COOKING TIP
1. 뜨겁게 달군 올리브유에 껍질 쪽부터 닿게 구워야 깔끔하게 구워져요.
2. 반 이상 익었을 때 뒤집어 버터, 로즈마리, 타임, 마늘 등을 넣고 향을 입혀가며 구워요.
3. 마리네이드나 훈제 연어, 자숙 통조림 연어는 샐러드, 초밥, 볼, 김밥에 잘 어울려요.
3. 연어필렛은 껍질을 벗기고 깍둑썰어 회덮밥으로 즐겨도 맛나요.

연어를 스테이크로 굽다!

와인버터소스의 연어스테이크

연어를 구워 특별한 소스와 곁들인 스테이크입니다. 매번 똑같은 소스가 식상하다면 도전하세요! 와인버터소스가 새로운 맛과 향을 만들어주네요.

연어 300g + 그린빈 4개, 방울토마토 6개, 버터·올리브유 1큰술씩, 소금 약간
와인버터소스 화이트와인 1/2컵, 다진 양파 1/4개분, 다진 허브(딜 또는 이태리파슬리) 1줄기분, 버터 4큰술, 레몬즙 3큰술, 소금 약간

1. 그린빈은 양끝을 저미고, 방울토마토는 꼭지만 뗀다.
2. 팬에 올리브유를 두르고 중불로 달궈 연어와 그린빈, 방울토마토를 소금을 뿌려가며 앞뒤로 굽는다. 구이용 연어라면 껍질 면부터 바닥에 닿게 굽는다.
3. 연어를 굽고 남은 기름에 다진 양파를 볶다가 화이트와인을 부어 중불에서 바글바글 끓인다.
4. ③에 다진 허브와 버터를 넣고 버터가 녹으면 레몬즙, 소금을 넣어 끈적하도록 저어가며 졸여 와인버터소스를 완성한다.
5. 접시에 구운 연어와 그린빈, 방울토마토, ④의 와인버터소스를 담아 마무리한다.

연어를 구워 졸이다!

연어간장구이덮밥

간단하게 영양 가득 한끼를 챙기고 싶을 때 추천하는 메뉴입니다. 부드러운 연어를 굴소스간장조림장에 졸여 밥과 먹기 좋아요. 아삭하게 볶은 숙주를 꼭 곁들이세요.

연어 200g + 밥 2공기, 꽈리고추 10개, 초생강 적당량, 참기름 1큰술
숙주볶음 숙주 1줌, 소금·후춧가루 약간, 식용유 1큰술
조림장 송송 썬 건고추 1개분, 맛술 3큰술, 간장 2큰술, 흑설탕·굴소스 1큰술씩, 후춧가루 약간

1 조림장 재료는 모두 섞어 준비한다.
2 꽈리고추는 꼭지를 떼고 길이가 긴 것은 반 자른다.
3 숙주는 센불로 달군 식용유에 소금, 후춧가루를 뿌려가며 볶아 꺼낸다.
4 ③의 팬에 연어를 올려 중불에서 앞뒤로 구워 노릇해지면 꽈리고추와 ①의 조림장을 부어 간이 배도록 졸인 뒤, 참기름을 두른다.
5 밥에 ④의 졸인 국물을 끼얹고 연어, 꽈리고추, 숙주볶음, 초생강을 곁들인다.

연어를 파스타에 넣다!

구운 연어 타프나드파스타

올리브가 주재료인 타프나드크림소스 파스타에 연어스테이크를 매칭했어요. 부드러운 연어와 향긋한 올리브 향이 잘 어울리죠. 파스타는 면 타입별로 삶는 시간을 확인해요.

연어 200g + 파스타 펜네 140g, 양파 1/4개, 마늘 4쪽, 루꼴라 6줄기, 올리브유 2큰술, 파르미지아노 레지아노 적당량, 소금·후춧가루·파슬리가루 약간씩
타프나드크림소스 생크림 1컵, 블랙올리브 1/2컵, 엔초비 2마리, 바질잎 5장

1 펜네는 끓는 물 5컵에 소금 1/2큰술분량 외을 넣고 6분간 삶아 건진다.
2 양파는 채썰고, 마늘은 납작썬다.
3 블렌더에 생크림, 블랙올리브, 엔초비, 바질잎을 넣고 갈아 소스를 만든다.
4 연어는 올리브유 1큰술을 중불로 달구어 소금, 후춧가루를 뿌려가며 앞뒤 굽는다.
5 팬에 올리브유를 두르고 양파와 마늘을 볶아 ③의 소스를 붓고 끓인다.
6 가장자리부터 끓기 시작하면 삶은 펜네와 소금, 후춧가루를 넣고 볶는다.
7 접시에 파스타를 담고 ④의 구운 연어와 루꼴라를 얹는다. 파르미지아노 레지아노치즈와 파슬리가루를 뿌린다.

NOW BESTSELLER 09

먹태

TYPE
☐ 껍질통먹태
☐ 손질먹태포
☐ 먹태채
☐ 구운 먹태

STORAGE
서늘한 실온/냉동
6개월~1년(미개봉)

PREPARE
통먹태 : 실온해동 30분
먹태채 : 냉동 상태 그대로 사용

겨울 야외 덕장에서 얼리고 녹이고를 반복해가며 건조시킨 황태는 명태를 말린 북어의 일종이다. 그중에서도 높은 기온으로 표면이 검게 변한 황태를 먹태라 부른다. 황태에 비해 저렴하며 식감이 부드러워 마른안주, 주전부리로 인기가 높다. 껍질째인 통먹태, 손질된 먹태, 살만 발라 찢은 먹태채, 바삭하게 볶아 나온 구운 먹태 등 종류도 다양하다. 머리와 껍질은 육수로, 살은 볶음이나 구이에 활용한다.

COOKING TIP

❶ 자극적인 양념 대신 버터, 꿀 등의 달콤한 양념에 찍어 먹어요.
❷ 딥한 소스를 찾는다면 고추냉이를 섞은 간장마요소스가 제격이에요.
❸ 통먹태는 직화로 구워 결대로 살을 발라 팬에서 충분히 볶아요. 오래 볶을수록 고소해요.
❹ 손질한 먹태와 먹태채는 양념을 입혀 볶거나 굽기 좋아요.

먹태를 소스에 볶다!

허니버터먹태

달콤하고 고소한 허니버터소스에 담백한 먹태를 달달 볶아보세요. 멈출 틈 없이 자꾸만 손이 가요. 간단한 맥주 안주로 강추합니다.

먹태채 2줌 + 허니버터소스 버터 3큰술, 설탕 2큰술, 다진 마늘 2작은술, 소금 1/2작은술, 파슬리가루 약간

1 먹태채는 먹기 좋은 크기로 찢는다.
2 센불에 달군 팬에 먹태채를 넣고 갈색이 나도록 충분히 볶아 건져 식힌다.
3 뜨겁게 달궈진 팬의 불을 끄고, 소스 재료를 모두 넣고 버터를 녹여가며 섞는다.
4 버터, 설탕, 소금이 녹고 마늘 향이 올라오면 먹태채를 뒤적여가며 볶아 마무리한다.

먹태로 국을 끓이다!
먹태콩나물국

먹태는 구워만 먹지 말고 국물로도 즐겨보세요. 부드러운 먹태와 콩나물을 넣고 후루룩 끓여내는 초간단 국입니다. 맑고 시원해요.

먹태채 1줌 + 콩나물 2줌, 청고추·홍고추 1개씩, 다진 마늘 1큰술, 국간장 1/2큰술, 소금 1/2작은술
멸치육수(3컵) 만드는 법 P015 참조. 국물용 멸치 8마리, 다시마 10x10cm 1장, 물 4컵

1. 마른 냄비를 중약불로 달구어 멸치를 볶아 비린내를 날린 뒤 다시마와 물을 붓고 10분간 끓인 뒤 식혀 체에 밭친다.
2. 먹태채는 먹기 좋은 두께와 길이로 찢는다.
3. 콩나물은 다듬어 씻어 물기를 제거하고, 고추는 어슷썬다.
4. ①의 멸치육수에 먹태채를 넣고 중불에 올려 5분간 끓인다.
5. ④에 콩나물과 다진 마늘을 넣고 뚜껑을 열어 5분간 더 끓인다.
6. 고추와 국간장, 소금을 넣고 끓어오르면 불을 끈다. 취향에 따라 달걀을 풀어 2분 더 끓여도 좋다.

먹태를 그대로 굽는다!
홈메이드 먹태구이

맛있는 먹태구이의 핵심은 직화로 통째로 껍질째 구운 다음, 살만 발라 충분히 볶는 거예요. 청양마요간장소스와 땅콩소스를 곁들여요.

통먹태포 1마리 + 청양마요간장소스 송송 썬 청양고추 1개분, 마요네즈 2큰술, 간장 1큰술
땅콩소스 땅콩버터 2큰술, 간장·올리고당 1큰술씩, 식초 1작은술

1. 해동한 통먹태포는 앞뒤로 뒤집어가며 직화로 구워 비린내를 날리고 불맛을 입힌다. 석쇠를 이용해도 좋다.
2. 구운 통먹태포는 한 김 날린 뒤 살만 발라 결대로 찢는다.
3. 마른 팬에 찢은 먹태살을 넣고 갈색이 나도록 센불에서 타지 않도록 저어가며 볶는다.
4. 청양마요간장소스와 땅콩소스 재료는 각각 섞어 준비한다.
5. 볶은 먹태살에 두 가지 소스를 곁들인다.

NOW BESTSELLER 10

프로슈토

TYPE
☐ 프로슈토 디 파르마
☐ 프로슈토디 모데나
☐ 프로슈토 디 토스카나

STORAGE
냉장 1개월

최근 하몽, 살라미, 초리조 등 세계 각국의 숙성 생햄을 찾는 이들이 늘고 있다. 이중 프로슈토와 하몽은 생햄에 속하고, 살라미와 초리조는 발효 소시지에 속한다. 이탈리아 파르마 지역의 대표 먹거리인 프로슈토(Prosciutto)는 돼지고기의 뒷다리를 소금으로 염장해 건조 숙성시킨 것으로, 각 지역별 생산지와 생산자별로 맛의 차이가 있다. 최근 인기가 높아지면서 스페인 이베리코나 한우 등을 이용한 제품도 출시되고 있다. 보통 얇게 슬라이스한 형태로, 손으로 오래 만질 경우 맛과 식감이 변질될 수 있으나 빠르게 손질해 사용한다.

COOKING TIP
❶ 간이 센 편이라 담백한 빵, 크래커, 심심한 치즈, 과일 등과 잘 어울려요.
❷ 샌드위치, 샐러드, 생햄피자, 와인안주 플레이트 등으로 활용해요.
❸ 가벼운 바디감의 와인, 샴페인을 곁들이면 풍미가 더 살아나요.

프로슈토로 카프리제를! # 프로슈토카프리제

카프리제는 모짜렐라치즈와 바질, 토마토를 이용한 이탈리아 대표 샐러드예요. 프로슈토를 더하니 근사한 일품 요리가 되네요. 달콤하고 청량한 샴페인이나 가벼운 와인과 함께해요.

프로슈토 4장 + 부라타치즈 또는 프레시 모짜렐라치즈 1개(150g), 방울토마토 10개, 바질페스토 3큰술, 바질잎 3장

1. 프로슈토는 낱장으로 떼어 준비하고, 방울토마토는 반 자른다.
2. 방울토마토와 바질페스토를 버무린다.
3. 접시 중앙에 부리타치즈를 올리고 옆쪽으로 ②를 담는다.
4. 그 위에 프로슈트를 길게 올리고 바질잎을 장식한다.

프로슈토로 오믈렛을!

생햄오믈렛

속이 편한 부드러운 달걀요리인 오믈렛에 짭조름한 숙성 생햄을 슥슥 찢어 올리니 멋진 홈브런치가 완성됩니다. 엑스트라버진 올리브유에 레몬즙을 섞은 드레싱도 어울려요.

| 프로슈토 4장 | + | 아보카도·양파 1/2개씩, 양송이버섯 3개, 방울토마토 4개, 루꼴라 1/2줌, 버터·올리브유 1큰술씩, 소금·통후추 약간씩
달걀물 달걀 4개, 맛술·파마산치즈가루 1큰술씩, 소금 1/4작은술 |

1 달걀에 맛술과 파마산치즈가루, 소금을 넣고 푼 뒤 체반에 내려 알끈을 제거한다.
2 아보카도와 양파, 양송이버섯은 굵게 다진다.
3 중불로 달군 팬에 올리브유를 두르고 양파→양송이버섯 순으로 넣어 소금을 뿌려가며 숨이 죽을 정도로 충분히 볶는다.
4 ③에 버터를 넣고 녹기 시작하면 굵게 다진 아보카도와 달걀물을 붓고 살살 볶다가 달걀이 반숙으로 익으면 불을 끈다.
5 ④ 위에 방울토마토를 반 잘라 올리고 프로슈토 올린 뒤 접시에 담는다.
6 루꼴라로 토핑하고 통후추를 갈아 뿌려낸다.

프로슈토로 타파스를!

생햄타파스

염장 훈제 숙성과정을 거쳐 짠맛과 감칠맛이 강한 프로슈토로 한입 요리를 만들었어요. 부드러운 치즈나 멜론, 복숭아, 무화과 같은 달콤한 과일과 잘 어울려요.

프로슈토 8장	+	호밀빵(바게트 또는 식빵) 한입 크기 8쪽, 양송이버섯 4개, 블랙올리브 8개, 올리브유 적당량, 소금·후춧가루·파프리카가루 약간씩
		씨겨자치즈 크림치즈 또는 리코타치즈 4큰술, 씨겨자 1큰술, 꿀 1작은술

1 크림치즈와 씨겨자, 꿀을 골고루 섞어 씨겨자치즈를 만든다.
2 양송이버섯은 0.7cm 두께로 편썰고, 블랙올리브도 같은 두께로 슬라이스한다.
3 팬에 올리브유를 둘러 빵을 토스트해 건진다.
4 ③의 팬에 양송이버섯을 넣고 소금, 후춧가루를 뿌려 굽는다.
5 토스트한 빵에 ①의 씨겨자치즈를 도톰하게 펴바른다.
6 프로슈토와 블랙올리브, 구운 버섯을 올리고 파프리카가루를 뿌려 마무리한다.

NOW BESTSELLER 11
마라소스

TYPE
☐ 훠궈용 마라소스
☐ 마라샹궈소스
☐ 라조장(마라고추기름장)

STORAGE
실온/냉장 6개월~1년
(미개봉)

혀가 마비될 정도로 화끈하고 얼얼한 매운맛의 마라소스가 사람들의 입맛을 확 붙잡았다. 마라소스는 다양한 향신재료와 고추기름이 들어간 매운 소스로, 산초 특유의 향이 나는 고추기름에 간장, 해산물 또는 닭육수 농축액을 첨가해 감칠맛을 낸다. 고기, 해산물, 채소 어떤 재료와도 잘 어울리며 특히 볶음이나 국물요리에 활용하기 좋다. 해산물과 포두부, 채소를 넣은 매콤한 볶음요리인 마라샹궈로 유명하다.

COOKING TIP
❶ 종류에 따라 간이 제각각이에요. 간장, 굴소스, 소금으로 간을 맞춰요.
❷ 고추기름이 많이 든 제품은 기름이 분리될 수 있으니 덜어서 골고루 섞어 사용해요.
❸ 중국식 훠궈처럼 샤브샤브의 얼큰한 육수 베이스로 사용해요.

마라소스로 찌개 베이스를!

마라부대찌개

중국식 샤브샤브인 훠궈 대신 우리 입맛에 맞는 부대찌개를 이색적으로 즐길 수 있는 레시피입니다. 마라소스 하나 더했을 뿐인데, 익숙한 듯 새롭네요.

마라소스 1/3컵 + 채썬 돼지고기·통조림 햄 100g씩, 비엔나소시지 5개, 청경채 2포기, 양파 1/2개, 대파 10cm, 팽이버섯·숙주 1줌씩, 라면사리 1개, 물 3컵
양념 고춧가루·국간장 2큰술씩, 다진 마늘 1큰술, 설탕 2/3큰술, 소금 약간

1. 햄과 소시지는 한입 크기로 썰고, 청경채는 밑동 없이 길게 4등분한다. 양파는 채 썰고 대파는 송송 썬다.
2. 냄비에 마라소스, 채썬 돼지고기, 양파, 대파를 넣고 중불에서 볶아 향을 낸다.
3. 고기가 익으면 물을 붓고 센불로 끓이다가 햄, 소시지, 양념을 넣고 중불로 끓인다.
4. 끓어오르면 숙주와 라면사리를 넣고 더 끓인다.
5. 면발이 꼬들해지면 청경채를 넣고 30초 뒤 팽이버섯을 얹어 마무리한다.

마라소스로 냉채소스를!

마라소스해파리냉채

국물요리와 볶음요리에 즐겨 사용하는 마라소스로 냉채소스를 만들었어요. 식초와 매실액으로 새콤달콤한 맛을 내고 간장으로 간을 맞췄죠. 은은하게 매운 향의 냉채입니다.

마라소스 1/3컵 + 염장 해파리 200g, 새우살 1/2컵, 적양파·오이 1/2개씩, 배 1/6개, 깻잎 10장, 게맛살 2줄(70g)
마라냉채소스 매실액·간장·식초 3큰술씩 with 마라소스

1 볼에 마라소스와 매실액, 간장, 식초를 골고루 섞어 마라냉채소스를 만든다.
2 염장 해파리는 주물러 씻어 찬물에 30분간 담가 소금기를 뺀다.
3 새우살은 끓는 물 5컵에 넣어 30초간 데쳤다가 찬물에 헹군다. 물은 버리지 않는다.
4 새우 데친 뜨거운 물을 ②의 염장 해파리에 샤워하듯 붓고 재빨리 찬물에 헹군다.
5 적양파, 오이, 배, 깻잎은 채썰고, 게맛살은 결대로 찢는다.
6 접시에 준비한 재료를 담고 마라냉채소스를 곁들여 먹기 직전에 버무린다.

마라소스로 덮밥소스를!

마라우육덮밥

중식풍의 한 그릇 요리입니다. 소고기와 청경채를 마라소스에 볶다가 녹말물로 농도를 걸쭉하게 잡아요. 재료도, 조리법도 간단해요.

마라소스 1/3컵 + 밥 2공기, 볶음용 소고기 200g, 청경채 2포기, 표고버섯 2개, 양파 1/2개, 대파 15cm, 물 1컵
양념 굴소스 2큰술, 흑설탕·간장 1큰술씩, 참기름 2작은술, 후춧가루 약간
녹말물 감자전분 1과1/2큰술, 물 2큰술

1 볶음용 소고기는 키친타월에 올려 핏물을 제거한다.
2 청경채는 길게 4등분하고, 표고버섯은 편썬다. 양파는 채썰고, 대파는 송송 썬다.
3 팬에 마라소스와 흑설탕, 대파를 볶다가 소고기와 양파를 넣고 중불에서 볶는다.
4 고기가 익으면 표고버섯과 굴소스, 간장을 넣고 10초간 볶은 뒤 물을 붓는다.
5 바글바글 끓으면 청경채를 넣고 녹말물로 농도를 맞춘 뒤 참기름과 후춧가루를 더해 불을 끈다.
6 접시에 밥을 담고 ⑤를 끼얹어 마무리한다.

NOW BESTSELLER 12
치즈볼

TYPE	STORAGE
☐ 찹쌀치즈볼 ☐ 크림치즈볼/모짜렐라치즈볼 ☐ 고구마치즈볼/라이스찰치즈볼 ☐ 블랙치즈볼	냉동 6개월(미개봉) **PREPARE** 냉동 상태 그대로 조리

한입 베어 물면 크림치즈, 모짜렐라치즈 등이 입안을 가득 채운다. 1차로 튀겨 급속 냉동시킨 제품으로 동그란 모양이 찌그러지지 않도록 보관하는 게 중요하다. 밀가루나 찹쌀가루의 기본 반죽 외에도 흑임자나 오징어먹물을 이용한 블랙치즈볼도 등장했다. 모짜렐라치즈, 크림치즈, 에멘탈치즈, 고구마무스 등 반죽와 속재료를 변형한 다양한 제품들도 눈에 띈다.

COOKING TIP
❶ 해동 없이 그대로 오븐, 에어프라이어, 전자레인지에서 치즈가 녹을 정도로 빠르게 조리해요.
❷ 담백한 찹쌀치즈볼은 칠리소스, 머스터드소스, 파마산치즈가루 등과 어울려요.
❸ 달콤한 고구마치즈볼은 샐러드 채소 위에 토핑으로 사용해요.

치즈볼로 샐러드를! # 치즈볼샐러드

치즈볼을 튀겨서 주전부리로만 먹었다면 이제 아삭아삭 샐러드 채소와 함께 드세요. 심심한 샐러드가 치즈볼 덕분에 색달라지죠. 파마산치즈가루로 포인트를 줍니다.

치즈볼 6개 + 레디치오 2줌, 치커리 또는 로메인 1줌, 방울토마토 4개, 파마산치즈가루 2큰술
드레싱 토마토케첩·마요네즈 3큰술씩, 스리라차소스 또는 씨겨자 1큰술

1 치즈볼은 에어프라이어에 10분간 굽거나 전자레인지 또는 달군 식용유에 튀긴다.
2 레디치오와 치커리는 한입 크기로 뜯고, 방울토마토는 반 자른다.
3 드레싱 재료는 모두 섞어 준비한다.
4 ①의 치즈볼이 뜨거울 때 파마산치즈가루에 굴려 2등분한다.
5 접시에 채소를 담고 드레싱을 끼얹은 뒤 ④의 치즈볼을 얹는다.

4

치즈볼로 양념꼬치를!
양념치즈볼꼬치

치즈볼을 꼬치에 꽂아 고추장소스를 발라 구웠어요. 치즈가루만 뿌려도 맛있지만 고추장소스를 더하니 특별해져요.

치즈볼 4개 + 마요네즈 또는 허니머스터드 2큰술, 파마산치즈가루 1큰술
소스 고추장·꿀·물 1큰술씩, 간장·참기름 1작은술씩

1 치즈볼은 에어프라이어에 10분간 구워 나무꼬치에 2개씩 꽂는다. 전자레인지 또는 달군 식용유에 튀겨도 좋다.
2 팬에 소스 재료를 모두 넣고 약불에서 저어가며 끓인다.
3 ①의 꼬치에 ②의 소스를 펴발라 팬에서 한 번 더 굽는다.
4 구운 꼬치 위에 마요네즈와 파마산치즈가루를 뿌려 마무리한다.

치즈볼로 맥앤치즈를!
맥앤치즈볼

미국인의 소울푸드라는 맥앤치즈. 치즈와 우유, 마카로니, 스위트콘이 어우러져 식감이 부드럽죠. 진한 치즈 맛이 당기는 날에 권해요.

치즈볼 4개 + 마카로니·스위트콘 1/3컵씩, 베이컨 3줄, 슈레드 체다치즈 1/3컵, 파마산치즈가루 1큰술, 넛맥가루·소금·후춧가루 약간씩
크림 양파 1/4개, 버터 2큰술, 밀가루 1/2큰술, 우유 1컵

1 마카로니는 끓는 물 4컵에 소금 1작은술분량 외을 넣고 12분 삶는다.
2 베이컨은 2cm 폭으로 썰고, 양파는 굵게 다진다.
3 팬에 다진 양파와 버터를 1분간 볶다가 밀가루를 넣어 1분 더 볶은 뒤 우유를 조금씩 부어가며 걸쭉하게 끓여 크림을 만든다.
4 ③에 삶은 마카로니, 스위트콘, 베이컨, 체다치즈, 파마산치즈가루, 넛맥가루, 소금, 후춧가루를 넣고 버무려 치즈가 녹으면 불을 끈다.
5 오븐용기에 맥앤치즈를 담고 그 위에 치즈볼을 올려 180℃로 예열한 오븐에서 10분간 굽는다.

NOW BESTSELLER 13

족발

TYPE
- 순살족발
- 마늘소스족발/불족발
- 한방족발
- 앞다리조발

STORAGE
냉장 6개월(미개봉)

야식으로, 술안주로 인기 있는 족발도 대세 레토르트 식품이다. 보통 새우젓에 찍어 먹거나 상추, 깻잎으로 쌈을 싸먹지만 요즘은 마늘소스, 매운소스 등으로 그 맛이 다양해지고 있다. 돼지족을 양념과 향신채소, 한방재료로 삶아 식힌 후에 진공포장해, 구입 시 대부분 껍질과 기름이 굳어 있다. 전자레인지에 데우거나 김 오른 찜기에 올려 쪄도 좋다. 물에 데치면 감칠맛과 풍미가 떨어지니 삼간다.

COOKING TIP
1. 한방족발과 매운 불족발은 쌈으로 즐겨요.
2. 마늘소스가 동봉된 마늘족발은 채썬 채소와 버무려 냉채로 응용해요.
3. 남은 족발은 뼈째 물에 넣고 푹 끓여 찌개로 먹어요.
4. 차갑게 남은 순살족발은 간장소스에 졸이거나 마늘, 들기름에 볶아요.

족발을 무치다!

족발무침

산뜻하게 즐기는 족발무침입니다. 차가운 소스에 버무린 냉족발과 달리 따뜻하게 즐기는 온무침이지요. 한식 장으로 만든 무침장이 입맛을 돋아줘요.

족발 300g + 부추 1/3줌, 양파 1/2개, 청고추·홍고추 1개씩
무침장 간장·다진 마늘 1과1/2큰술씩, 매실액·들기름·부순 참깨 1큰술씩, 후춧가루 약간

1 부추는 3cm 길이로 썰고, 양파도 비슷한 길이로 채썬다. 고추는 열십자로 길게 가른 뒤 송송 썬다.
2 무침장 재료를 모두 섞어 준비한다.
3 족발을 전자레인지나 찜기를 이용해 따뜻하게 데운다.
4 무침장에 족발, 부추, 양파, 고추를 넣고 버무린다.

족발을 끓이다!

족발고추장찌개

먹고 남은 족발로 찌개를 끓였어요. 고춧가루를 팍팍 넣고 새우젓으로 간을 했지요. 부르르 끓이니 국물에 족발의 풍미가 배어 감칠맛도 색달라요. 부들부들해진 족발도 꼭 맛보세요.

| 족발 300g | + | 두부 1/2모, 양파 1/2개, 대파 15cm, 청양고추·홍고추 1개씩 |

육수(3컵) 국물용 멸치 8마리, 다시마 10x10cm 1장, 물 4컵

양념 고춧가루·청주·다진 마늘 2큰술씩, 다진 새우젓·고추장 1과1/2큰술씩, 들기름 1큰술, 설탕 1/2큰술, 다진 생강 1/2작은술, 후춧가루 약간

1. 두부는 사방 2cm 크기로 깍둑썰고, 양파는 채썰고 대파와 고추는 송송 썬다.
2. 마른 냄비를 중약불로 달구어 멸치를 볶은 뒤 다시마와 물을 붓고 10분간 끓인다.
3. 냄비에 들기름과 대파 절반을 넣고 30초간 볶다가 족발, 고춧가루, 청주, 고추장, 설탕을 넣고 1분간 볶는다.
4. ③에 육수 3컵을 붓고 센불에서 끓어오르면 양파를 넣고 끓인다.
5. 중불로 줄여 다진 마늘, 다진 생강, 다진 새우젓, 후춧가루를 넣고 15분간 거품을 제거해가며 끓인다.
6. 두부와 남은 대파, 고추를 넣고 5분간 더 끓여 마무리한다.

족발을 굽다!

마늘버터족발구이

족발과 뿌리채소를 마늘버터에 버무려 오븐에서 노릇하게 구웠습니다. 마늘과 버터의 향이 코끝을 자극하지요. 구운 채소의 담백함도 맛나요.

족발 300g + 마늘 7쪽, 감자 2개, 당근 1/4개, 대파 15cm
마늘버터 버터 4큰술, 다진 마늘·꿀 1큰술씩, 소금 1/4작은술, 후춧가루 약간

1 마늘은 크기가 큰 것은 반으로 자른다.
2 감자와 당근은 한입 크기로 썰고, 대파는 5cm 폭으로 썬다.
3 버터를 전자레인지에 녹여 다진 마늘, 꿀, 소금, 후춧가루와 섞어 마늘버터를 만든다.
4 마늘버터에 족발, 마늘, 감자, 당근, 대파를 넣고 버무린다.
5 오븐용기에 ④를 담고 170℃로 예열한 오븐에서 30분간 굽는다. 에어프라이어는 170℃ 30분 기준이다. 제품 사양마다 차이가 있으니 조절한다.

4

NOW BESTSELLER 14

나물밥

TYPE
☐ 곤드레나물밥
☐ 취나물밥
☐ 간된장나물밥
☐ 믹스나물밥

STORAGE
실온 6개월
냉동 1년(미개봉)

PREPARE
냉동 상태 그대로 조리

레토르트 즉석밥의 한 종류로 산나물을 넣고 취사한 밥이다. 급속 동결한 파우치 형태의 냉동밥과 실온보관 가능한 컵밥 형태가 있다. 곤드레와 취나물을 기본으로 하는데, 최근엔 여러 가지 나물을 모두 섞은 믹스버전도 나왔다. 밥 자체에 간이 되어 있거나 비빔장이 동봉된 경우가 있으니 확인 후 추가 양념을 한다. 강된장과 결합한 세트 메뉴도 등장했다.

COOKING TIP
❶ 팬에 기름과 물을 소량씩 넣고 함께 볶으면 갓 지은 촉촉한 나물밥이 완성되어요.
❷ 매콤한 고추장과 된장, 간장, 카레, 짜장, 토마토&크림소스 등의 양념이나 소스와 결합해요.
❸ 치즈를 뿌려 오븐에 넣고 밥그라탕처럼 만들어요.
❹ 주먹밥이나 유부초밥, 밥튀김으로 변형해 다양한 밥요리로 즐겨요.

나물밥을 튀기다!

나물아란치니

이태리식 라이스볼 튀김인 아란치니를 나물밥으로 만들어요. 나물밥에 치즈를 넣고 뭉쳐서 바삭바삭하게 튀겨 보세요. 파스타소스는 취향대로 준비해요.

나물밥 2팩 (400g) + 생크림 또는 우유 5큰술, 올리브 슬라이스·스위트콘·파르미지아노 레지아노·버터 2큰술씩, 슈레드 모짜렐라치즈·파스타소스 1/2컵씩, 어린잎채소 약간, 식용유 1컵
튀김옷 밀가루 4큰술, 달걀물 1개분, 빵가루 1컵

1. 팬에 버터와 식용유 1큰술을 두르고 중불에서 냉동 나물밥, 생크림, 올리브 슬라이스, 스위트콘을 넣고 볶는다.
2. 불을 끄고 파르미지아노 레지아노와 모짜렐라치즈를 넣고 잔열로 녹여 섞는다.
3. 한 김 날려 동그랗게 빚어 밀가루 → 달걀물 → 빵가루 순으로 옷을 입힌다.
4. 180℃로 달군 식용유에 ③을 노릇하게 튀긴다. 나무젓가락을 넣었을 때 3초 뒤 기포가 올라오면 적당한 튀김 온도다.
5. 취향에 맞는 파스타소스를 끓여 접시에 담고, 튀긴 나물아란치니 위에 약간의 파르미지아노 레지아노와 어린잎채소를 뿌린다.

나물밥을 비비다!

나물컵밥

학교, 학원가의 인기 메뉴인 컵밥을 냉동 나물밥으로 만들었어요. 김치무침과 참치마요로 맛을 냈습니다. 부족한 간은 나물밥에 동봉된 간장을 활용해도 되어요.

나물밥 2팩 (400g) + 달걀 2개, 김가루 적당량, 버터 2큰술, 식용유 1과1/2큰술
김치무침 김치 1/2컵, 설탕·부순 참깨 1작은술씩, 참기름 1/2큰술
참치마요 통조림 참치 1캔, 마요네즈 2와1/2큰술, 레몬즙 1작은술, 후춧가루 약간

1 김치는 국물을 꼭 짠 뒤 설탕, 부순 참깨, 참기름에 버무린다.
2 참치는 기름기를 뺀 뒤 마요네즈, 레몬즙, 후춧가루에 버무린다.
3 팬에 식용유 1큰술을 둘러 달걀프라이를 한다.
4 같은 팬에 남은 식용유와 버터를 녹여 냉동 나물밥을 볶는다.
5 용기에 나물밥을 담고 김치무침과 참치마요, 달걀프라이, 김가루를 올린다.

나물밥을 볶다!

나물풍기리소토

리소토는 쌀에 육수와 크림을 넣고 쫀득한 농도로 끓이는 이태리식 밥요리예요. 나물밥으로 만들면 나물의 향긋함이 더해져 깊은 맛이 나요.

나물밥 2팩 (400g) + 버섯(표고·양송이·새송이 등) 1줌, 양파 1/4개, 마늘 4쪽, 도톰한 베이컨 2줄, 생크림 1컵, 파르미지아노 레지아노 2큰술, 올리브유·버터·간장 1큰술씩, 소금·후춧가루 약간씩

1. 버섯은 먹기 좋은 크기로 썰고, 양파는 굵게 다진다. 마늘은 납작썰고, 베이컨은 1cm 폭으로 썬다.
2. 팬에 올리브유를 넣고 양파, 마늘을 넣고 약불에서 볶아 향을 낸다.
3. 양파가 투명해지면 베이컨을 넣고 볶는다.
4. 베이컨에서 기름이 빠져나오고 노릇해지면 중불로 올려 버섯 → 냉동 볶음밥 → 생크림 순으로 넣고 볶는다.
5. 걸쭉해지면 파르미지아노 레지아노와 버터, 간장, 소금, 후춧가루를 넣고 볶는다.

NOW BESTSELLER 15
당절임 복숭아

TYPE
☐ 황도당절임
☐ 백도당절임
☐ 복숭아슬라이스당절임
☐ 병절임/통조림

STORAGE
실온/냉장 6개월
(미개봉)

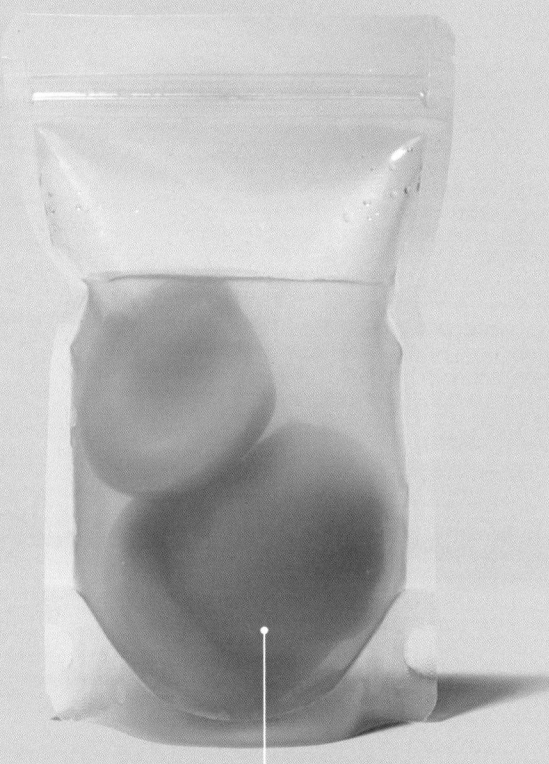

과일이나 채소를 설탕에 재운 당절임도 그 종류가 많아졌다. 복숭아, 파인애플, 망고 등을 껍질 없이 과육만 통으로 절이거나 슬라이스로 당절임해 병이나 통조림으로 출시되는데, 그중에서도 황도나 백도로 만든 복숭아 당절임이 단연 인기다. 개봉 후 남은 것은 시럽에 푹 잠기도록 담가 밀봉한다. 통조림 제품은 물기 없는 플라스틱 용기 또는 유리병에 옮겨 담아 보관한다.

COOKING TIP
❶ 자체에 시럽이 들어 있어 우유나 탄산수와 같아 슬러시로 먹어도 맛있어요.
❷ 럼에 섞어 칵테일을 만들거나 가벼운 와인에 담가 상그리아를 만들어요.
❸ 빙수 위에 토핑으로 활용해도 좋아요.
❹ 곱게 갈아 우유, 녹말가루와 섞어 뭉근히 끓이면 복숭아커스터드크림이 완성돼요.

당절임 복숭아로 케이크를!

떠먹는 복숭아케이크

노오븐 베이킹 레시피입니다. 카스테라와 휘핑크림을 준비하고, 복숭아를 이용한 커스터드크림을 만들어 컵에 담아요. 뚜껑 있는 병에 담으면 선물하기도 좋아요.

당절임 복숭아 1컵 + 카스테라 1개, 휘핑한 생크림 2/3컵, 블루베리·애플민트 적당량씩
복숭아커스터드크림 간 당절임 복숭아·우유 1/2컵씩, 달걀노른자 1개, 설탕 3큰술, 박력분 1큰술, 무염버터 10g

1 냄비에 간 당절임 복숭아와 우유, 설탕을 넣고 중약불에서 끓인다. 가장자리에 기포가 생기고 설탕이 녹으면 불을 끈다.
2 볼에 달걀노른자와 박력분을 섞은 뒤 ①을 소량씩 부어 저어가며 섞는다.
3 다시 냄비에 붓고 중약불에서 걸쭉하게 끓이다가 무염버터를 넣고 녹으면 불을 끈다. 완성한 복숭아커스터드크림은 냉장실에 넣어 식힌다.
4 카스테라와 당절임 복숭아 1/2분량은 사방 2cm 크기로 깍둑썬다.
5 병이나 컵에 깍둑썬 카스테라 → 복숭아커스터드크림 → 깍둑썬 복숭아 → 깍둑썬 카스테라 → 복숭아커스터드크림 → 휘핑한 생크림 순으로 담는다.
6 남은 당절임 복숭아를 길게 잘라 블루베리, 애플민트와 함께 올려 장식한다.

당절임 복숭아로 상그리아를!

피치상그리아

깔끔한 화이트와인에 달콤한 당절임 복숭아와 상큼함 시트러스 과일을 매칭해 상그리아를 만들어요. 하루이틀 전에 만들어 숙성시켰다가 차갑게 즐겨요.

당절임 복숭아 1컵 + 오렌지·레몬 또는 라임 1개씩, 애플민트 1/3컵, 화이트와인 1병(750ml), 탄산수 2컵, 당절임 복숭아 시럽 적당량

1 오렌지와 레몬은 껍질째 반달 모양으로 얇게 썬다.
2 당절임 복숭아는 복숭아 알맹이와 국물인 시럽을 분리한다.
3 유리병에 오렌지, 레몬, 복숭아를 층층이 담고 애플민트를 비벼 향을 내 담는다.
4 화이트와인을 붓고, 취향에 맞게 당절임 복숭아 시럽으로 단맛을 맞춘다.
5 밀봉해 냉장실에서 이틀 숙성시킨 뒤 탄산수를 섞어 즐긴다.

4

당절임 복숭아로 칵테일을!

복숭아막걸리그라니타

막걸리 속 발효 곡물의 단맛과 달콤한 당절임 복숭아가 어우러진 얼음 디저트입니다. 미리 만들어두면 손님상에 내기 좋아요.

1리터 분량 당절임 복숭아 2컵 + 막걸리 2컵, 사이다 1컵, 레몬즙 3큰술, 꿀 2큰술

1. 당절임 복숭아 1컵은 사방 1cm 크기로 깍둑썬다.
2. 블렌더에 남은 당절임 복숭아 1컵, 사이다, 레몬즙, 꿀을 넣고 간다.
3. 냉동용기에 막걸리와 ①의 깍둑썬 복숭아, ②를 붓고 섞는다.
4. ③을 냉동실에 넣어 6~9시간 얼린다.
5. 2~3시간 간격으로 3번 정도 꺼내 포크로 긁어 얼음과자 입자를 만든다.

통조림 골뱅이

토마토소스

리코타치즈

구운란

크림수프

훈제삼겹살

유부

닭가슴살

액상카레

명란젓

프렌치프라이

핫케이크믹스

통조림 참치

훈제오리

구운 생선

PART 3

레벨 업!
레토르트

즉석 요리는 아니지만 요리 주재료나 부재료로 각광받는 레토르트 식품도 있습니다. 토마토소스, 훈제삼겹살, 통조림 참치, 구운란, 유부 등 단독으로 먹기보다는 각종 요리에 쓰이는 레토르트 식품을 모았습니다. 똑똑한 레토르트 식품으로 요리 실력을 업 시키세요.

LEVEL UP 01
통조림 골뱅이

TYPE
- 자숙골뱅이
- 자연산 골뱅이
- 청양고추골뱅이
- 매콤양념골뱅이

STORAGE
실온 3년(미개봉)

고둥의 일종인 골뱅이를 양념, 자숙하여 통조림에 넣고 멸균, 밀봉한 레토르트 식품이다. 보통 국물은 버리고 골뱅이만 건져 채소, 소면, 초고추장과 무침으로 즐기는데, 최근에는 추가 양념 없이 그대로 먹을 수 있는 매콤양념골뱅이와 청양고추맛 등도 선보이고 있다. 자숙골뱅이의 경우 골뱅이의 비린 향을 없애고 싶다면 뜨거운 물에 가볍게 헹궈 사용한다.

COOKING TIP
1. 레시피에 따라 비빔장 농도를 맞출 때 통조림 국물을 소량 섞어요.
2. 오이, 무 등 아삭한 채소와 간장, 식초, 액젓, 설탕을 넣고 새콤하게 무쳐요.
3. 들깨가루와 참기름을 넣고 고소하게 무치면 아이용 밥반찬도 가능해요.
4. 소면, 쫄면 등 면을 부드럽게 삶아 비빔국수처럼 버무려요.

골뱅이를 드레싱에 버무리다!

골뱅이쏨땀

태국식 쏨땀을 한식으로 버전 업했습니다. 파파야 대신 아삭한 무와 당근, 쫄깃한 골뱅이를 넣으니 샐러드인 듯 반찬인 듯 색다른 요리가 나왔네요.

통조림 골뱅이 1캔(140g) + 무 100g, 당근 1/6개, 참나물 1줌, 방울토마토 5개, 부순 땅콩 1큰술
드레싱 마늘 2쪽, 부순 태국 고추 5개분, 레몬즙 또는 라임즙 1과1/2큰술, 흑설탕·피시소스 또는 까나리액젓 1큰술씩

1 골뱅이는 물기를 제거하고 먹기 좋게 2~3등분한다.
2 무와 당근은 곱게 채썰고, 참나물은 5cm 폭으로 썬다. 방울토마토는 반 자르고, 마늘을 다진다.
3 볼에 드레싱 재료를 넣고 흑설탕이 녹을 때까지 섞는다.
4 ③에 채썬 무를 버무리고 골뱅이, 당근, 참나물, 방울토마토를 넣어 버무린다.
5 접시에 담고 부순 땅콩을 뿌린다.

골뱅이를 양념에 무치다!

골뱅이떡무침

골뱅이무침이 지겨운 날에는 소면 대신 쫄깃한 떡과 어묵을 활용해요. 양념장 비율만 조절하면 온가족이 즐길 수 있는 메뉴가 되지요. 떡국떡이나 떡볶이떡을 넣어도 좋아요. 고추기름은 생략 가능해요.

통조림 골뱅이 1캔(140g) + 쌀떡볶이떡 100g, 어묵 50g, 깻잎 10장, 오이 1/4개
비빔장 고춧가루 1/2큰술, 고추장·고추기름·간장·식초·들깨가루 1큰술씩, 올리고당 2큰술

1 비빔장 재료는 모두 섞어 준비한다.
2 통조림 골뱅이는 물기를 제거해 먹기 좋게 2~3등분한다.
3 쌀떡볶이떡과 어묵, 깻잎은 먹기 좋은 크기로 납작썰고, 오이는 어슷썬다.
4 끓는 물에 쌀떡볶이떡과 어묵을 말랑하게 데치고 찬물에 헹궈 물기를 뺀다.
5 비빔장에 준비한 모든 재료를 넣고 무쳐낸다.

골뱅이를 기름에 끓이다!

골뱅이감바스

마늘과 매콤한 건고추를 넣고 끓인 올리브유에 새우와 골뱅이를 단시간에 익혔어요. 오동통한 골뱅이의 식감이 새우와 의외로 잘 어울리지요. 반주 메뉴로 추천해요.

통조림 골뱅이 1캔(140g) + 새우살·올리브유 1컵씩, 아스파라거스 4대, 마늘 8쪽, 페페론치노 5개, 허브(타임, 오레가노 등)·후춧가루 약간씩, 소금 1/3작은술, 바게트 적당량

1 통조림 골뱅이는 물기를 제거한 뒤 먹기 좋게 2등분한다. 새우살도 물기를 뺀다.
2 아스파라거스는 표면의 섬유질을 벗기고, 마늘은 반으로 납작썬다.
3 팬에 올리브유, 마늘, 페페론치노, 소금을 넣고 중약불로 끓인다.
4 기포가 올라오면 물기를 제거한 골뱅이와 새우살, 아스파라거스, 허브, 후춧가루를 넣고 1분 후 불을 끈다.
5 바게트를 곁들여 마무리한다.

1

LEVEL UP 02
토마토소스

TYPE
- 마늘토마토소스
- 피망토마토소스
- 뽀모도로토마토소스
- 로제토마토소스
- 아라비아따토마토소스

STORAGE
실온/냉장 6개월
(미개봉)

요모조모 활용하기 좋은 레토르트 소스다. 토마토를 데친 후 껍질을 벗겨 으깨가며 끓인 것으로 종류에 따라 마늘, 양파, 허브, 고추 등으로 맛을 낸다. 최근엔 매콤한 고추를 더한 아라비아따와 크림을 섞은 로제소스도 인기. 기본적으로 간이 센 편이니 주재료와 섞은 뒤 맛을 보고 소금, 간장 등으로 부족한 간을 맞춘다.

COOKING TIP
1. 파스타뿐만 아니라 그라탕, 스튜, 피자, 미트볼 등 다양한 요리에 사용해요.
2. 주재료와 소스를 섞은 후 부족한 간은 소금과 간장으로 맞춰요.
3. 육류와 해물류 외에도 달걀, 두부, 치즈와 특히 잘 어울려요.
4. 취향에 따라 허브로 풍미를 더하거나 고추장과 섞어 매콤함을 더해요.

토마토소스로 스튜를!

토마토비프스튜

구이용 소고기와 채소를 큼직하게 썰어 시판 토마토소스에 졸인 초간단 스튜 레시피입니다. 닭육수, 버터, 와인, 우스터소스를 첨가했더니 정통 스튜 못지않은 깊은 맛이 나요.

토마토소스 1컵(200ml) + 스테이크용 소고기 150g, 감자 2개, 당근 1/4개, 새송이버섯·양파 1/2개씩, 샐러리 15cm, 으깬 마늘 2쪽분, 올리브유 2큰술, 밀가루 1과1/2큰술, 레드와인 1/4컵, 닭육수 1과1/2컵, 소금·후춧가루 약간씩
고기 밑간 올리브유 1큰술, 소금·후춧가루 약간씩
양념 월계수잎 1장, 우스터소스·버터 1큰술씩, 흑설탕 1/2큰술, 크러쉬드페퍼 1작은술

1 소고기는 사방 2.5cm 크기로 썰어 밑간해 밀가루에 버무린다.
2 감자, 당근, 버섯, 양파는 고기 크기로 깍둑썰고, 샐러리는 송송 썬다.
3 ①의 덧가루를 한 번 털어 올리브유를 두른 냄비에서 중약불로 익힌다.
4 ③에 감자와 당근을 넣고 볶다가 고기가 노릇해지면 고기만 건진다.
5 레드와인을 붓고 불을 끈 후 나무주걱으로 냄비 바닥의 눌러붙은 것을 와인과 섞이도록 긁어낸 뒤 그대로 약불에 올려 레드와인의 알코올을 날린다.
6 ⑤에 토마토소스, 닭육수, 양념 재료를 모두 넣고 중불로 올려 5분간 끓인다.
7 버섯, 양파, 샐러리, 으깬 마늘, ④의 건져둔 고기를 넣고 7~10분 저어 끓인다.
8 부족한 간을 소금, 후춧가루로 맞추고 월계수잎과 으깬 마늘을 건진 후 먹는다.

토마토소스로 어향가지를!

토마토고추어향가지

중식 어향가지는 해산물소스에 버무린 튀긴 가지요리예요. 상큼한 토마토소스에 칼칼한 고추장, 감칠맛의 굴소스를 섞었지요. 튀김이 부담스럽다면 볶아 넣어요.

토마토소스 1컵(200ml) + 가지·표고버섯·청고추·홍고추 2개씩, 다진 돼지고기 150g, 양파 1/2개, 대파 15cm, 청주 2큰술, 고추기름 1과 1/2큰술, 식용유 1큰술, 참기름 1작은술, 녹말물(감자전분·물 1큰술씩), 소금 약간
토마토어향소스 다진 마늘·고추장·굴소스·설탕 1큰술씩, 다진 생강 1작은술, 후춧가루 약간, 물 1/2컵 with 토마토소스

1. 토마토소스와 나머지 토마토어향소스 재료를 섞어 준비한다.
2. 가지는 반 갈라 어슷썰고 키친타월에 올려 소금을 뿌려 5분 뒤 물기를 제거한다.
3. 표고버섯과 양파는 채썰고, 고추는 길게 반 잘라 어슷썬다. 대파는 송송 썬다.
4. 마른 팬을 센불에 올려 가지를 30초간 볶다가 식용유를 둘러 갈색이 돌게 볶는다.
5. 고추기름을 중불로 달구어 다진 돼지고기, 대파, 청주를 넣고 볶는다.
6. ⑤에 표고버섯, 양파, 고추, 토마토어향소스를 넣어 볶다가 녹말물로 농도를 낸다.
7. 걸쭉해지면 볶아둔 가지와 참기름을 넣고 섞어 마무리한다.

토마토소스로 수제비파스타를!

로제토마토소스수제비

쫄깃한 식감의 감자수제비를 로제토마토소스에 버무리면 어떨까요? 수제비 재료에 토마토소스와 생크림을 더하니 우리 입맛에도 맞는 퓨전 한 그릇 요리가 완성됩니다.

토마토소스 1컵(200ml) + 시판 감자수제비 2컵(200g), 감자 1개, 피망·양파 1/2개씩, 양송이버섯 3개, 마늘 3쪽, 대파 10cm, 베이컨 2줄, 파르미지아노 레지아노·파슬리가루 적당량씩, 올리브유 2큰술, 소금·후춧가루 약간씩
매운로제소스 고춧가루 1/2큰술, 생크림 1컵 with 토마토소스

1 감자, 피망, 양파, 양송이버섯, 마늘은 도톰하게 납작썰고 대파는 송송 썬다. 베이컨은 2cm 폭으로 썬다.
2 끓는 물에 감자수제비를 낱개로 뜯어 넣고 10초간 데쳐 건진다.
3 팬에 올리브유를 두르고 약불로 달군 뒤 마늘과 대파를 넣고 볶아 향을 낸다.
4 달큰한 마늘와 대파 향이 올라오면 감자와 베이컨을 넣고 볶다가 갈색이 나면 피망, 양파, 양송이버섯을 넣고 소금, 후춧가루를 뿌려가며 가볍게 볶는다.
5 ④에 토마토소스와 고춧가루, 생크림을 넣고 끓으면 수제비를 넣어 줄인다.
6 파르미지아노 레지아노를 갈아 올리고 파슬리가루도 뿌린다.

LEVEL UP 03
리코타치즈

TYPE
☐ 플레인리코타치즈
☐ 허니리코타치즈

STORAGE
냉장 2주(미개봉)

치즈의 부산물인 유청으로 만든 치즈다. 이탈리아어로 리코타의 '리(Ri)'는 '다시'를, '코타(Cotta)'는 '끓이다'를 뜻한다. 일반적으로 우유에 유청을 섞어 사용하거나, 우유로 1차 치즈를 만들고 남은 유청으로 한 번 더 치즈를 만들어 치즈 부산물이나 유제품의 한 종류로 분류되기도 한다. 제품마다 차이가 있지만 약간의 소금 간이 되어 있으며, 남은 치즈는 밀봉보관해야 냄새가 섞이지 않는다.

COOKING TIP
❶ 발사믹크림, 과일잼, 마멀레이드, 꿀, 메이플시럽처럼 새콤달콤한 맛과 어울려요.
❷ 아삭한 채소 위에 듬성듬성 올리고 발사믹크림을 뿌려 샐러드로 즐겨요.
❸ 핫샌드위치인 파니니 속재료로 볶은 버섯, 닭고기와 함께 넣어요.

리코타치즈로 파스타를!

리코타까넬로니

원통형 모양의 파스타인 까넬로니 속에 순대 속을 채우듯 부드러운 리코타치즈를 채워 오븐에 구웠어요. 비주얼도 맛도 근사해요.

리코타치즈 3/4컵(150g) + 까넬로니 4개, 토마토소스 1/2컵, 슈레드 모짜렐라치즈 1컵, 파르미지아노 레지아노·허브(바질, 파슬리 등)·엑스트라버진 올리브유 적당량씩
속재료 새우살 100g, 양파 1/4개, 애호박 1/6개, 올리브유 1큰술, 소금·후춧가루 약간씩

1. 까넬로니는 끓는 물 5컵에 소금 1큰술분량 외을 넣고 7분간 삶아 채반으로 건진다.
2. 새우살, 양파, 애호박은 곱게 다진다.
3. 팬에 올리브유 1큰술을 두르고 양파 → 애호박 → 새우살 순으로 소금과 후춧가루를 뿌려가며 볶아 식힌다.
4. 식힌 속재료를 리코타치즈와 섞어 짤주머니에 담아 까넬로니 속을 채운다.
5. 오븐용기에 토마토소스 1/4컵 → ④의 까넬로니 → 토마토소스 1/4컵 → 슈레드 모짜렐라치즈 순으로 담고 190℃로 예열한 오븐에서 15분간 노릇하게 굽는다.
6. 엑스트라버진 올리브유를 뿌리고 허브와 파르미지아노 레지아노를 갈아 올린다.

4

리코타치즈로 과자를!
리코타누룽지과자

요즘 누룽지과자, 부각, 오란다 강정, 육포 등 추억의 주전부리가 다시 인기죠. 구수하고 바삭한 누룽지과자에 부드러운 리코타치즈와 달콤한 발사믹크림을 얹으니 별미네요.

리코타치즈 1/2컵(100g) + 튀김 누룽지(누룽지과자) 3컵, 설탕 1작은술, 소금 약간, 시판 발사믹크림 적당량

1 튀김 누룽지는 설탕, 소금을 뿌려 버무린다.
2 접시에 ①을 담고 리코타치즈를 듬성듬성 올린다.
3 그 위에 발사믹크림*을 뿌려낸다.

■ 발사믹크림 : 발사믹식초에 당을 넣고 크림 농도로 졸여낸 끈적한 소스.

리코타치즈로 샐러드를!
칩스빈스 리코타샐러드

바삭한 나초, 토마토소스에 졸인 빨간 콩조림, 부드러운 리코타치즈가 삼박자를 이루는 샐러드예요. 타코처럼 나초 위에 재료를 얹어 먹어도 좋아요.

리코타치즈 1/2컵(100g) + 샐러드용 잎채소 2줌, 방울토마토 5개, 베이크드 빈스 1/2컵, 나초 1컵(50g)
드레싱 레몬즙 1과1/2큰술, 꿀 1큰술, 올리브유 3큰술, 소금 약간

1 드레싱 재료는 모두 섞어 준비한다.
2 샐러드용 잎채소는 먹기 좋은 크기로 뜯고, 방울토마토는 반 잘라 ①의 드레싱에 버무린다.
3 접시에 담고 리코타치즈를 뚝뚝 떼어 올린다.
4 베이크드 빈스와 나초를 올려 마무리한다.

LEVEL UP 04

구운란

TYPE
- 훈제란/맥반석란/참숯구운란
- 완숙란/반숙란
- 무염구운란

STORAGE
서늘한 실온/냉장
1개월(미개봉)

껍데기째 구워낸 달걀로 크게 반숙란과 훈제란이 있다. 끓는 물에 삶아낸 달걀에 비해 흰자가 탄력 있고 쫄깃한 식감이 특징이다. 맥반석이나 참숯 등 굽는 방법에 따라 표면의 색상도 달라진다. 요리 활용 시 달걀장조림이나 카레, 떡볶이처럼 양념에 졸이거나 재우는 요리에는 무염구운란 사용을 권한다.

COOKING TIP
❶ 쫄깃한 식감과 특유의 풍미가 있는 훈제란은 샐러드나 별도의 양념 없이 그대로 즐겨요.
❷ 촉촉한 반숙란은 오픈샌드위치로 즐기거나 떡볶이, 카레에 넣고 졸여요.
❸ 부드러운 구운란은 으깨어 마요네즈와 섞어 샐러드를 만들어요.

구운란으로 브런치를 완성하다!

구운 달걀베네딕트

수란으로 만드는 대표적인 브런치 메뉴인 에그베네딕트. 촉촉한 수란 대신 시판 반숙란을 이용해 만들었습니다. 달걀노른자를 이용한 홀렌다이즈소스가 포인트예요.

구운 반숙란 2개 + 잉글리시 머핀 2개, 토마토 1개, 시금치 2포기, 베이컨 4장, 어린잎채소 1줌, 버터 1큰술, 올리브유 1과1/2큰술, 소금·후춧가루 약간씩
홀렌다이즈소스 녹인 무염버터 50g, 달걀노른자 1개, 레몬즙 3큰술, 화이트와인식초·머스터드소스 1작은술씩, 다진 허브(딜, 차이브 등)·소금·후춧가루 약간씩

1 볼에 달걀노른자와 레몬즙, 소금을 넣고 따뜻한 물이 담긴 냄비 위에 올린다. 온도가 뜨거우면 달걀이 익을 수 있으니 주의한다.
2 거품기로 ①을 섞은 뒤 녹인 버터를 조금씩 흘려가며 걸쭉해지게 섞는다.
3 ②에 와인식초와 머스터드소스, 다진 허브, 후춧가루를 넣어 소스를 완성한다.
4 구운 반숙란은 껍데기를 제거해 납작썰고, 머핀과 토마토, 시금치는 반 자른다.
5 팬에 버터를 녹여 머핀을 토스트한다. 같은 팬에 올리브유를 둘러 토마토와 시금치를 소금, 후춧가루를 뿌려가며 각각 볶고, 베이컨을 굽는다.
6 접시에 머핀 → 베이컨 → 시금치 → 구운란을 올린 뒤 홀렌다이즈소스를 흠뻑 뿌리고 토마토와 어린잎채소를 곁들인다.

구운란으로 반찬을 만든다!

찐고추달걀무침

간이 배어 있는 구운란으로 만든 반찬입니다. 매운 고추를 부드럽게 쪄내 갖은 양념에 무쳐 구운란에 곁들이죠.
반숙란, 훈제란 중 취향대로 준비해요. 고추는 크기가 작은 찐고추나 꽈리고추를 사용해요.

구운란 2개 + 찐고추 또는 꽈리고추 2줌(100g), 쪽파 2대, 밀가루 또는 콩가루 3큰술
무침장 간장·참기름 1큰술씩, 고춧가루·다진 마늘 1/2큰술씩, 설탕·부순 참깨 1작은술씩

1 고추는 꼭지만 떼어 포크로 콕콕 찍어 구멍을 내고, 쪽파는 송송 썬다.
2 손질한 고추를 씻어 물기를 털고 밀가루에 버무린다.
3 김 오른 찜기에 젖은 면포를 깔고 ②를 올려 중불에서 5분간 찐 후 식힌다.
4 구운란은 껍데기를 제거해 먹기 좋은 크기로 등분한다.
5 무침장 재료를 모두 섞어 ③의 식힌 찐고추를 넣어 버무린다.
6 찐고추무침에 구운란과 쪽파를 넣고 가볍게 버무린다.

구운란으로 달걀장을 담다!

구운 달걀장

SNS를 핫하게 달궜던 화제의 달걀요리, 마약달걀. 조리법이 간단해 요리 초보자도 쉽게 도전해볼 수 있는 메뉴지요. 레벨 업 레시피를 소개합니다.

구운란 8개 + 양파 1/4개, 청고추·홍고추 1개씩, 쪽파 4대, 레몬 1/2개
양념장 흑설탕 4큰술, 올리고당·부순 참깨 2큰술씩, 다진 마늘·참기름 1큰술씩, 간장 1/2컵, 물 1컵

1 양파와 고추는 곱게 다지고, 쪽파는 송송 썬다. 레몬은 4등분한다.
2 구운란은 껍데기를 제거하고, 양념장 재료는 설탕이 녹을 때까지 충분히 저어 섞는다. 냄비에서 바글바글 끓였다가 식혀도 좋다.
3 양념장에 껍데기를 제거한 구운란, 채소, 레몬을 넣고 하루 이상 숙성시킨다.
4 ③의 구운란을 중간에 한 번 뒤집는다.
5 냉장보관해 일주일 이내로 먹는다.

3

LEVEL UP 05
크림수프

TYPE
- ☐ 치즈크림수프
- ☐ 어니언크림수프/콘크림수프
- ☐ 쌀크림수프
- ☐ 클램차우더크림수프

STORAGE
실온/냉장 1개월~1년
(미개봉)

죽과 함께 대중적인 간편 유동식인 수프는 다양한 요리의 베이스로도 활약 중이다. 분말형, 액상형으로 나뉘며, 주재료에 따라 종류가 달라진다. 그중 버터에 밀가루를 볶아 루를 만들고 우유 또는 생크림과 육수를 부어 끓인 크림수프는 활용도가 특히 높다. 크림소스 대체 재료로도 활용 가능하며, 부재료로 활용할 때는 소금의 양에 주의한다.

COOKING TIP
❶ 바삭하게 구운 크루통과 담백한 워터 크래커를 곁들여요.
❷ 계절에 따라 버섯, 굴, 조개, 아스파라거스, 고구마 등의 제철재료를 첨가해요.
❸ 그라탕 요리에 크림소스 대신 사용해요.
❹ 매콤한 김치볶음밥과 매칭해도 잘 어울려요.

크림수프를 오븐에 굽다!

크림포테이토

삶은 감자와 크림수프를 블렌더에 갈아 치즈를 뿌려 오븐에 구운 요리입니다. 극강의 부드러움과 감자와 크림, 치즈의 환상의 조합을 꼭 맛보세요.

크림수프 1컵 + 감자 3개, 백후추 약간, 슈레드 모짜렐라치즈 1컵, 갈은 파르미지아노 레지아노 2큰술, 후춧가루 또는 파슬리가루 약간

1. 감자는 30분 정도 소금 간 없이 삶은 뒤 껍질을 벗긴다.
2. 블렌더에 감자와 크림수프, 백후추를 넣고 곱게 간다.
3. 오븐용기에 담아 슈레드 모짜렐라치즈와 파르미지아노 레지아노를 뿌린다.
4. 200℃로 예열한 오븐에서 노릇한 색이 나도록 10분간 구워 꺼낸 뒤 후춧가루나 파슬리가루를 뿌린다.

3

크림수프를 토스팅하다!

크로크마담

넓은 챙 모자를 쓴 듯 햄치즈토스트 위에 서니사이드업 달걀프라이를 얹어 이름 붙여진 크로크마담. 포인트는 빵 사이사이에 촉촉하고 부드러운 크림을 발라주는 거예요. 시판 크림수프로 만들어봐요.

크림수프 1컵 + 토스트용 슬라이스 빵·슬라이스 햄 4장씩, 슬라이스 치즈 2장, 슈레드 체다치즈&모짜렐라치즈 1컵, 달걀 2개, 식용유 2큰술, 후춧가루·파슬리가루 약간씩

1 토스트용 빵 2장에 각각 크림수프 3큰술→햄 2장→치즈 1장씩 순서대로 올린다.
2 ①에 남은 빵을 덮고 크림수프 3큰술과 체다치즈&모짜렐라치즈를 각각 뿌린다.
3 175℃로 예열한 오븐에 넣고 약 10분간 구워 노릇한 색이 나면 꺼낸다.
4 팬에 식용유를 둘러 중불에 달구어 달걀프라이를 반숙으로 만든다.
5 ③에 달걀프라이를 올린 뒤 후춧가루와 파슬리가루를 뿌린다.

크림수프를 끓이다!

바지락클램차우더

시원한 국물 맛을 내는 바지락으로 수프를 끓였어요. 시판 크림수프에 바지락을 가득 넣고, 채소를 더하니 맛은 물론 영양까지 챙길 수 있습니다.

크림수프 2컵 + 바지락살 1/2컵(120g), 화이트와인 1/3컵, 감자 1개, 당근 1/8개, 브로콜리 1/4개, 베이컨 1줄, 슈레드 체다치즈 3큰술, 버터·식용유 1큰술씩, 후춧가루 약간, 크래커 적당량

1. 바지락살은 옅은 소금물에 흔들어 헹궈 체에 밭쳐 물기를 제거한다.
2. 감자와 당근은 사방 1cm로 깍둑썰고, 브로콜리도 먹기 좋게 등분한다. 베이컨은 1cm 폭으로 채썬다.
3. 베이컨은 중약불로 달군 식용유에 바삭하게 볶아 키친타월에 올린다.
4. 팬에 버터를 넣고 녹기 시작하면 감자, 당근을 투명해지도록 볶다가 바지락살과 화이트와인을 넣어 비린내와 알코올 향을 날려가며 볶는다.
5. ④에 크림수프를 붓고 브로콜리를 넣고 중약불에서 저어가며 끓인다.
6. 그릇에 담고 베이컨, 슈레드 체다치즈, 후춧가루를 뿌리고 크래커를 곁들인다.

LEVEL UP 06
훈제삼겹살

TYPE
- 허브훈제삼겹살
- 와인훈제삼겹살
- 참나무훈제삼겹살/장작구이훈제삼겹살
- 황토가마훈제삼겹살/훈제통삼겹바베큐

STORAGE
냉장 6개월~1년(미개봉)

삼겹살도 배달해 먹는 시대, 집에서 기름 튈 걱정 없이 간단하게 즐길 수 있는 레토르트 삼겹살도 등장했다. 소금 간한 삼겹살에 훈연 향을 입혀 초벌구이한 훈제삼겹살이 기본. 숙성과정에 와인, 허브 등을 가미하거나 참나무 장작이나 황토가마에서 초벌하는 등 조리과정을 차별화한 제품도 많다. 모두 초벌한 상태이므로 생삼겹살에 비해 조리시간을 단축해야 육질이 퍽퍽해지지 않는다.

COOKING TIP
1. 굵직하게 썰어 쌈채소와 섞어 식초, 고춧가루, 간장으로 심심하게 무쳐요.
2. 얇게 납작썰어 밥에 얹어 덮밥처럼 즐겨요.
3. 슬라이스해 채소, 치즈, 바비큐소스, 머스터드소스를 뿌려 핫샌드위치를 만들어요.

훈제삼겹살을 샌드하다!

쿠바노샌드위치

쿠바노샌드위치의 핵심 재료는 각종 향신료로 밑간한 돼지고기를 저온에서 장시간 구운 로스트포크지요. 오늘은 허브훈제삼겹살로 대체해 만들어봤어요.

훈제삼겹살 200g + 샌드위치용 빵(바게트·통호밀빵 등) 1개, 샌드위치용 슬라이스 햄·슬라이스 치즈 2장씩, 할라피뇨 슬라이스 4개, 잎채소(루꼴라, 고수, 치커리, 상추 등) 4줄기, 통피클 2개, 마요네즈·허니머스터드 또는 씨겨자소스 2큰술씩

1. 샌드위치용 빵을 길게 반 갈라 약불로 달군 팬에 올려 토스트한다.
2. 훈제삼겹살은 1cm 두께로 썰어 센불로 달군 팬에 올려 굽는다.
3. 훈제삼겹살이 거의 익으면 슬라이스 햄도 노릇하게 구워 키친타월에 올려둔다.
4. 마요네즈와 허니머스터드를 섞어 빵 안쪽에 바른 뒤 치즈→햄→삼겹살을 얹는다.
5. ④ 위에 할라피뇨 슬라이스→잎채소→빵 순으로 샌드해 지그시 누르고 통피클을 얹어 고정시킨 뒤 2등분한다.

4

훈제삼겹살을 굽다!
치미추리소스 삼겹살구이

삼겹살을 구워 아르헨티나의 대표소스 치미추리소스에 푹 담가 먹어요. 허브와 매콤한 고추의 풍미가 느껴집니다.

훈제삼겹살 300g + 구이용 채소(단호박·아스파라거스·방울토마토 등) 적당량
치미추리소스 이태리 파슬리 12g, 바질 6g, 태국 고추 약 5개, 엑스트라버진 올리브유 5큰술, 레몬즙 4큰술, 꿀 1큰술, 소금 약간

1. 블렌더에 치미추리소스 재료를 모두 넣고 곱게 간다.
2. 훈제삼겹살은 먹기 좋게 잘라 센불로 달군 팬에서 노릇하게 굽는다.
3. 삼겹살 기름이 빠져나오면 구이용 채소를 올려 함께 굽는다.
4. 접시에 구운 훈제삼겹살과 채소를 담고, 치미추리소스를 곁들인다.

훈제삼겹살을 졸인다!
차슈풍 삼겹살덮밥

생강과 흑설탕, 간장으로 맛낸 달콤한 소스에 허브 향의 훈제삼겹살을 졸이듯 구웠어요. 손님용 한 그릇 요리로도 그만이에요.

훈제삼겹살 250g + 밥 2공기, 양파 1/2개, 쪽파 3대, 달걀노른자 2개, 초생강 적당량
조림장 정향 2개, 납작썬 생강 슬라이스 2개, 월계수잎 1/2장, 간장 3큰술, 흑설탕·맛술 2큰술씩, 전분 1작은술, 후춧가루 약간, 가츠오부시 우린 물 1/2컵

1. 양파는 원형 슬라이스하고, 쪽파는 송송 썬다.
2. 조림장 재료는 설탕과 전분이 녹을 때까지 섞는다.
3. 훈제삼겹살은 1.5cm 두께로 썬다.
4. 중불로 달군 팬에 훈제삼겹살을 앞뒤로 뒤집어가며 굽는다. 구우면서 나오는 고기 기름은 제거한다.
5. ③에 양파와 조림장을 부어 중불에서 윤기나게 졸인다.
6. 접시에 밥을 담고 ⑤의 졸인 국물을 뿌리고 삼겹살과 양파, 달걀노른자, 초생강을 올린 뒤 쪽파를 뿌린다.

LEVEL UP 07
유부

TYPE
☐ 조미유부(조림유부)
☐ 슬라이스 유부(냉동유부)
☐ 유부초밥키트

STORAGE
냉장/냉동
2~10개월(미개봉)

PREPARE
냉동 슬라이스 유부는
그대로 조리

유부는 주머니 형태의 튀긴 두부를 뜻한다. 우동의 고명이나 소로 쓰이는 슬라이스 유부와 달콤하고 고소한 간장 양념에 졸인 조미유부가 있다. 보통은 조미유부, 배합초, 건조 플레이크가 들어 있는 유부초밥용 키트로 판매된다. 각각 개별포장 되어 있어 초밥이 아니라도 다양한 요리에 활용 가능하다. 조미유부 사용 시 물기를 너무 꼭 짜면 유부가 질겨지거나 찢어질 수 있으니 주의한다.

COOKING TIP
❶ 키트 속 조미유부는 손바닥으로 지그시 눌러 적당히 물기를 제거해 사용해요.
❷ 초밥용 밥은 뜨거울 때 배합초와 양념해야 간이 쉽게 배요.
❸ 오이를 배합초에 살짝 절여 유부초밥 위에 토핑하면 깔끔하게 즐길 수 있어요.
❹ 달걀스크램블, 낫또, 고추참치, 불고기도 토핑 재료로 어울려요.

유부를 양념에 볶다!

숙주유부볶음

달콤짭조름해 그대로 먹어도 맛있는 유부를 채소와 볶았습니다. 센불에서 후다닥 숙주와 부추를 볶아 곁들였지요. 간단한 밥반찬으로 소개해요.

조미유부 1팩(150g) + 숙주 2줌, 부추 1/2줌, 굴소스·참기름 1/2큰술씩, 검은깨 1작은술, 후춧가루 약간, 식용유 1큰술

1 조미유부는 짜지 말고 그대로 한입 크기로 납작썬다.
2 숙주는 씻어 물기를 제거하고, 부추는 6cm 길이로 썬다.
3 센불로 달군 팬에 식용유를 둘러 조미유부, 숙주, 굴소스, 후춧가루를 볶는다.
4 숙주의 숨이 죽기 시작하면 부추, 참기름을 넣고 재빨리 섞어 불을 끈다.
5 접시에 담고 검은깨를 뿌려 마무리한다.

유부를 국으로 끓이다!

들기름유부감자국

고소한 들기름에 감자를 볶다가 조미유부를 넣고 끓여낸 국물요리입니다. 육수를 따로 끓이지 않고 다시마 우린 물과 조미유부의 양념으로 국물맛을 해결했어요.

조미유부 1팩(150g) + 감자 2개, 양파 1/2개, 대파 10cm, 들기름 1큰술, 다진 마늘 1/2큰술, 국간장·소금 적당량씩, 후춧가루 약간
다시마 우린 물(3컵) 다시마 10X10cm 1장, 물 3컵

1 다시마를 물 3컵에 15분간 담갔다가 건진다.
2 조미유부는 물기를 짜지 말고 그대로 한입 크기로 납작썬다.
3 감자와 양파도 한입 크기로 납작썰고, 대파는 어슷썬다.
4 냄비에 들기름을 두르고 감자를 넣고 중약불에서 1분 정도 저어가며 볶는다.
5 ④에 다시마 우린 물을 붓고 중불에서 10분간 끓인 뒤 양파를 넣고 끓인다.
6 채소가 투명해지면 조미유부, 대파, 다진 마늘, 후춧가루를 넣고 3분 정도 끓인다. 마지막에 국간장과 소금으로 간한다.

유부를 채소와 섞다!

유부지라시스시

배합초로 양념한 밥 위에 회를 비롯한 각종 재료를 흩뿌리듯 올려 숟가락으로 떠먹는 초밥이에요. 유부초밥 키트를 활용하면 간단하게 만들 수 있습니다. 우엉조림, 연근조림을 추가해도 좋아요.

유부초밥 1팩(150g) + 밥 2공기, 회(연어·참치·자숙소라·자숙새우 등) 150g, 아보카도 1/2개, 키트 배합초·건조 플레이크 1봉씩, 무순·새싹채소·초생강·고추냉이 적당량씩
달걀지단 달걀 1개, 맛술 1큰술, 소금·식용유 약간씩

1. 조미유부는 지그시 눌러 물기를 제거한 뒤 1cm 폭으로 썬다.
2. 달걀, 맛술, 소금을 풀어 식용유를 중약불로 달구어 지단을 얇게 부쳐 식힌다.
3. 회와 아보카도는 사방 1.5cm 크기로 깍둑썬다. 식힌 지단도 얇게 채썬다.
4. 밥과 키트 배합초, 건조 플레이크, ①의 조미유부를 함께 버무린다.
5. 그릇에 ④와 회, 아보카도, 달걀지단, 무순, 새싹채소를 흩뿌리듯 올린다.
6. 초생강과 고추냉이를 곁들인다.

1

LEVEL UP 08
닭가슴살

TYPE
- ☐ 자숙닭가슴살/무염닭가슴살
- ☐ 스팀닭가슴살/수비드닭가슴살
- ☐ 구운 닭가슴살/훈제닭가슴살
- ☐ 허브닭가슴살/블랙페퍼닭가슴살
- ☐ 한입큐브닭가슴살

STORAGE
서늘한 실온/냉장/
냉동 1~6개월

PREPARE
밀봉 유수해동 30분
실온해동 30분~1시간

건강식에 대한 관심이 높아지면서 각광받는 레토르트 식품이다. 초벌 조리법에 따라 크게 자숙닭가슴살과 구운 닭가슴살로 분리된다. 저온에서 서서히 익혀 촉촉한 수비드닭가슴살과 수증기로 찐 스팀닭가슴살은 자숙닭가슴살에 속한다. 최근엔 후추와 허브로 풍미를 더하거나 먹기 좋게 한입 크기로 성형한 큐브닭가슴살도 인기다. 종류별로 실온, 냉장, 냉동으로 보관법도 각기 다르니 반드시 권장 보관법과 기간을 확인한다.

COOKING TIP
1. 닭가슴살을 찢어 마요네즈, 씨겨자, 머스타드소스에 버무려 샌드위치를 만들어요.
2. 초고추장비빔장에 채소와 버무려 닭무침을 만들어요.
3. 양념장에 졸여 닭볶음탕이나 간장닭조림으로 먹어요.
4. 피자 도우 위에 치즈와 함께 올려 오븐에 구우면 치킨피자가 완성되어요.

닭가슴살을 무치다!

닭무침

닭가슴살 샐러드가 한식 일품요리로 변신했어요. 새콤매콤한 초고추장 비빔장에 신선한 나물과 닭가슴살을 버무리면 완성입니다.

닭가슴살 1쪽 (110g) + 양파·오이 1/2개씩, 미나리 또는 참나물 1줌, 청고추·홍고추 1개씩
비빔장 간장·올리고당 3큰술씩, 고춧가루·참기름 2큰술씩, 고추장·들깨가루·다진 마늘 1큰술씩, 참깨 1작은술

1 비빔장 재료는 모두 섞어 준비한다.
2 닭가슴살은 결대로 찢는다.
3 양파는 채썰고, 오이는 5cm 길이로 납작썬다. 미나리도 같은 길이로 썰고, 고추는 어슷썬다.
4 넓은 볼에 비빔장 1/2분량과 찢은 닭가슴살을 넣고 조물조물 버무린다.
5 ④에 남은 비빔장과 준비한 채소를 넣고 가볍게 섞는다.

4

닭가슴살을 볶다!

닭가슴살꽈리고추볶음

닭가슴살로 만든 밑반찬입니다. 향신채소와 술, 간장을 넣고 졸이듯 볶아냈죠. 밥 위에 얹어 덮밥으로 즐겨도 맛있어요.

닭가슴살 1쪽 **+** 꽈리고추 1줌(100g), 마늘 8쪽, 식용유 1큰술
(110g) **볶음장** 간장 2와1/2큰술, 고추기름·맛술 2큰술씩, 물엿 1과1/2큰술, 다진 마늘 1큰술, 생강즙 1작은술, 후춧가루 약간

1 볶음장 재료는 모두 섞어 준비한다.
2 꽈리고추는 꼭지를 떼고 길이가 긴 것은 반으로 어슷썬다. 작은 크기는 속까지 양념이 잘 배도록 포크로 찍어 구멍을 낸다. 마늘도 큰 것은 반 자른다.
3 닭가슴살은 결대로 굵게 찢는다.
4 팬에 식용유를 둘러 마늘을 노릇하게 볶다가 꽈리고추, 닭가슴살, 볶음장을 넣고 간이 배도록 볶는다. 닭가슴살은 오래 볶을수록 질겨지니 주의한다.

닭가슴살을 굽다!

구운 채소와 닭가슴살스테이크

시판 스테이크소스에 와인, 버터, 양파를 곁들여 맛을 냈습니다. 누구나 손쉽게 해먹을 수 있는 간단 스테이크에요. 채소는 소금, 후춧가루를 뿌려 밑간해서 볶아요.

닭가슴살 2쪽 (220g) + 감자 1개, 애호박 1/6개, 미니 파프리카 4개, 대파 10cm, 마늘 4쪽, 레몬 1/2개, 로즈마리 2줄기, 버터·올리브유 2큰술씩, 소금·후춧가루 약간씩
소스 양파채 1/2개분, 시판 스테이크소스 5큰술, 레드와인 또는 발사믹식초 3큰술, 꿀·버터 1큰술씩, 후춧가루 약간

1. 감자와 애호박은 원형 슬라이스하고, 미니 파프리카는 길이로 반 가른다. 대파는 5cm 길이로 썰고, 마늘과 레몬은 반 자른다.
2. 소스 재료는 중약불에 올려 양파채가 투명해질 때까지 졸여 준비한다.
3. 팬에 올리브유를 둘러 감자부터 소금, 후춧가루를 뿌려 굽다가 투명해지면 애호박, 미니 파프리카도 얹어 소금을 뿌려가며 굽는다. 한쪽에 대파, 마늘, 레몬, 로즈마리, 닭가슴살을 올려 굽는다.
4. 거의 다 익으면 버터를 녹여 끼얹어가며 풍미를 입힌 뒤 소스를 곁들여낸다.

LEVEL UP 09
액상카레

TYPE
- 일식카레
- 인도식 커리
- 소고기카레/치킨카레
- 양송이카레/채소카레

STORAGE
실온/냉장 6개월~1년
(미개봉)

세계적으로 사랑받는 카레는 고기와 채소, 향신료인 마살라가 기본 재료인 인도의 스튜요리다. 집집마다 레시피가 다를 정도로 정해진 비율 없이 취향대로 만드는 게 특징. 유럽과 아시아로 소개되면서 향신료 비율이 적어지고 각 나라별로 레시피도 현지화되었다. 국내에서는 물에 섞어 사용하는 분말카레를 시작으로, 완조리된 형태의 생 카레와 인도식 커리, 일본식 커리까지 다양하게 출시되고 있다.

COOKING TIP
❶ 녹말가루가 첨가되어 있어 끓일 때 눌러붙기 쉬우니 저어가며 끓여요.
❷ 라면, 우동, 수제비 등 다양한 면 위에 부어 즐겨요.
❸ 고기, 채소, 버섯 등의 요리에 토마토소스처럼 활용해요.
❹ 고기찜, 스튜, 닭볶음탕의 기본 양념으로 사용하면 고기의 누린내를 잡아줘요.

카레로 치킨커리를!

갈릭로스트치킨커리

마늘버터로 밑간한 닭을 구워 카레에 올려 먹는 요리예요. 닭과 양파는 170℃로 예열한 오븐에서 25~30분간 구워 카레에 얹어내도 좋아요.

액상카레 2팩 + 토막 닭 400g, 양파 1/2개, 고수 적당량, 식용유 1큰술, 물 1컵
(400g)   **닭 밑간** 녹인 버터·청주 2큰술씩, 다진 마늘 1큰술, 생강즙·고운 고춧가루·양파가루 1작은술씩, 소금 1/4작은술, 후춧가루 약간

1   큼직하게 토막낸 닭은 깨끗이 씻은 후 도톰한 살만 2~3번 깊게 칼집을 넣는다.
2   닭 밑간 재료를 모두 섞어 손질한 닭에 버무려 30분간 둔다. 양파는 굵게 채썬다.
3   팬에 식용유를 두르고 중약불로 달구어 밑간한 닭이 타지 않게 뒤집어 익힌다.
4   겉면이 노릇해지면 양파와 물을 넣고 뚜껑을 덮고 약불로 줄여 뭉근히 익힌다.
5   닭고기가 거의 다 익으면 액상카레를 붓고 뜨겁게 끓여 고수 잎을 뜯어 장식한다.

카레로 토스트를!
한입카레빵 토스트

앙증맞은 모닝빵의 속에 카레와 소시지, 치즈를 채워 따뜻하게 구워낸 홈메이드 조리빵입니다. 우유 한잔 곁들여 오후 간식 메뉴로 추천해요.

액상카레 1팩 (200g) + 모닝빵·비엔나소시지 6개씩, 스위트콘 6큰술, 슈레드 모짜렐라치즈 1컵, 파슬리가루 약간, 식용유 1큰술

1. 모닝빵 윗면에 십자 모양의 칼집을 넣어 꾹꾹 눌러 공간을 만든다.
2. 팬에 식용유를 두른 뒤 중불에서 소시지를 굽는다.
3. 칼집을 넣은 모닝빵에 액상카레→소시지→스위트콘→슈레드 모짜렐라치즈를 채운다.
4. 170℃로 예열한 오븐에서 약 10분간 구워 치즈가 녹으면 꺼내 파슬리가루를 뿌린다.

카레로 퓨전요리를!
야끼카레

밥 위에 카레를 붓고 치즈를 얹은 후 달걀을 톡 깨뜨려 오븐에 구운 일본식 퓨전 요리입니다. 달걀노른자와 진한 카레의 앙상블을 맛보세요.

액상카레 2팩 (400g) + 밥 2공기, 달걀 2개, 마늘 8쪽, 슈레드 모짜렐라치즈 1과 1/2컵, 스위트콘 4큰술, 바질가루 적당량, 식용유 5큰술

1. 마늘은 납작썰어 달군 식용유에 바삭 구워 바질가루와 버무린다.
2. 오븐용기에 밥을 담고 중앙에 숟가락으로 눌러 오목한 구멍을 낸다.
3. ② 위에 액상카레를 붓고 미리 눌러둔 중앙에 달걀을 깨서 얹은 뒤 슈레드 모짜렐라치즈와 스위트콘, 바질가루를 약간 뿌린다.
4. 180℃로 예열한 오븐에서 20분간 굽는다. 달걀이 반숙으로 익으면 꺼내 ①의 마늘칩을 뿌린다.

LEVEL UP 10
명란젓

TYPE
- ☐ 양념명란젓
- ☐ 백명란젓/저염명란젓
- ☐ 짜먹는 튜브명란젓
- ☐ 구워 먹는 명란젓

STORAGE
냉장/냉동 6개월~1년
(미개봉)

PREPARE
밀봉 유수해동 30분
실온해동 1시간

명태 알을 소금에 절인 명란젓은 크게 매콤한 고추양념장에 담근 양념명란젓과 양념 없이 깨끗한 백명란젓으로 나뉜다. 최근에는 구워 먹는 명란젓처럼 염도는 낮추고 명란젓 특유의 달콤함이 살아 있는 제품들이 인기다. 피막 없이 알만 발라 튜브에 담은 제품도 화제. 일반 명란젓을 구울 때는 쌀뜨물에 하룻밤 담가 짠맛을 제거해 굽는다. 깔끔하게 즐기고 싶다면 양념하지 않은 백명란젓을 추천한다.

COOKING TIP
1. 막이 터지지 않은 명란젓은 참기름과 송송 썬 쪽파를 뿌려 그대로 먹어요.
2. 애호박, 양파, 대파와 맹물에 넣고 끓이면 깔끔한 젓갈찌개가 완성되어요.
3. 막이 터져 알이 부서졌다면 속만 긁어 마요네즈와 섞어 스프레드를 만들어요.
4. 구이용은 기름을 약간 두른 팬에서 굴려가며 노릇하게 구워요. 밥반찬이나 술안주로 좋아요.

명란젓으로 감자전을 부치다!

명란뢰스티

스위스식 바삭한 감자전인 뢰스티에 명란젓의 톡톡 씹히는 식감을 더했어요. 주말 브런치로도 좋고, 맥주 한잔 곁들인 야식으로 즐겨도 좋아요. 감자의 전분기는 그대로 사용해요.

명란젓 2큰술 + 감자·달걀 1개씩, 쪽파 1대, 베이컨 2줄, 파르미지아노 레지아노 적당량, 후춧가루 약간, 식용유 4큰술

1. 감자는 껍질을 벗겨 곱게 채썰고, 쪽파와 베이컨은 1cm 폭으로 송송 썬다.
2. 명란젓은 투명한 막을 길게 반 갈라 칼로 알만 긁어낸다.
3. 채썬 감자와 명란젓 1큰술, 약간의 후춧가루를 버무린다.
4. 식용유 1큰술을 두른 팬에 베이컨을 볶아내고, 달걀프라이도 만들어 덜어둔다.
5. 같은 팬에 남은 식용유를 두르고 ③을 동그랗게 모양을 잡아 노릇하게 굽는다.
6. 접시에 ⑤를 담고 남은 명란젓, 베이컨, 달걀프라이를 올린 뒤 쪽파와 파르미지아노 레지아노를 갈아 뿌려낸다.

명란젓으로 소스를 만들다!

명란부르스게타

해산물 딥소스로 즐겨 먹는 아이올리소스는 마늘기름과 달걀노른자로 만드는 향긋한 소스예요. 집에서는 시판 마요네즈와 허브, 칠리를 더해도 좋아요. 바삭하게 구운 토스트에 곁들여요.

명란젓 2큰술 + 납작썬 빵 8개, 양송이버섯 3개, 새송이버섯 1개, 어린잎채소 1/2줌, 버터·올리브유 1큰술씩, 소금·후춧가루 약간씩
명란아이올리소스 마늘기름 1/2컵(마늘 8쪽, 페페론치노 4개, 올리브유 3/4컵), 달걀노른자 1개, 레몬즙 2큰술, 파프리카가루 1작은술, 다진 허브(파슬리 또는 고수)·후춧가루 약간씩, 소금 1/4작은술 with 명란젓

1 명란젓은 투명한 막을 길게 반 갈라 칼로 알만 긁어낸다.
2 마늘기름 재료를 약불에서 10분간 끓여 마늘 향이 올라오면 불을 끄고 식힌 뒤 건더기를 건진다.
3 물기 없는 볼에 달걀노른자, 레몬즙, 파프리카가루를 섞고 ②를 소량씩 섞는다.
4 걸쭉해지면 명란젓, 다진 허브, 후춧가루를 섞고, 부족한 간은 소금으로 맞춘다.
5 양송이버섯은 납작썰고, 새송이버섯은 먹기 좋은 크기로 썬다.
6 녹인 버터에 빵을 굽고 버섯을 올리브유에 소금과 후춧가루를 뿌려 볶는다.
7 빵 위에 버섯볶음을 올리고, 명란아이올리소스를 뿌린 뒤 어린잎채소를 올린다.

명란젓으로 빵을 굽다!

명란바게트

명란바게트는 짭조롬한 명란젓을 달콤한 연유와 섞어 바게트 사이에 발라 구운 메뉴입니다. 자칫 명란이 비리게 느껴질 수 있으니 신선한 명란젓을 준비합니다.

명란젓 3큰술 + 미니 바게트 1개(20cm), 슈레드 체다치즈&모짜렐라치즈 1컵
명란소스 쪽파 2대, 연유 또는 꿀·마요네즈 2큰술씩, 후춧가루 약간 with 명란젓

1. 바게트 윗면에 길고 깊게 칼집을 넣어 V자로 벌린다.
2. 명란젓은 막을 길게 반 갈라 칼로 알만 긁어내고, 쪽파는 송송 썬다.
3. 명란젓에 쪽파, 연유, 마요네즈, 후춧가루를 섞어 명란소스를 만든다.
4. 칼집 넣은 바게트 사이에 ③의 명란소스를 채운 뒤 슈레드 체다치즈&모짜렐라치즈를 뿌린다. 이때 명란소스를 짤주머니에 담아 사용하면 편리하다.
5. 180℃로 예열한 오븐에서 10분간 구워낸다.

LEVEL UP 11
프렌치프라이

TYPE
☐ 막대프렌치프라이
☐ 웨지감자프렌치프라이
☐ 벌집프렌치프라이
☐ 어니언프렌치프라이

STORAGE
냉동 1년(미개봉)

PREPARE
냉동 상태 그대로 조리

전세계적으로 즐기는 레토르트 식품이다. 초벌로 튀기거나 튀김옷을 입힌 감자를 급속 냉동한 식품으로 해동과정 없이 바로 튀겨 즐긴다. 보통 딥소스를 곁들이거나 사이드 메뉴로 먹는데, 나라마다 감자 모양부터 곁들여지는 재료가 조금씩 달라진다. 영국의 피시앤칩스, 미국의 햄버거&프렌치프라이, 캐나다의 푸틴, 멕시코식 칠리콘카르네 프라이, 인도의 커리&프라이 등이 대표적인 활용 메뉴다.

COOKING TIP
❶ 해동 없이 바로 190~200℃에서 바싹 튀겨야 붙지 않고 눅눅해지지 않아요.
❷ 튀긴 후에는 체에 밭쳐 흔들어가며 기름기를 빼고 한 김 날려야 바삭함이 유지돼요.
❸ 소량의 식용유를 스프레이로 뿌려 에어프라이어나 오븐에서 구우면 담백해요.
❹ 취향대로 치즈가루, 파프리카가루, 양파가루, 마늘가루를 배합해 버무려요.

프렌치프라이에 토핑을!

베이컨쪽파프렌치프라이

노릇한 색감만 봐도 자꾸 손이 가는 프렌치프라이에 구운 베이컨과 부드러운 사워크림, 쪽파를 얹어보세요. 심플하지만 자꾸만 먹게 되는 환상궁합이랍니다.

프렌치프라이 2줌 + 쪽파 3대, 베이컨 4줄, 사워크림 5큰술, 파마산치즈가루·식용유 1큰술씩

1. 쪽파는 송송 썰고, 베이컨은 4cm 폭으로 썬다.
2. 식용유를 중약불로 달궈 베이컨을 볶다가 기름이 나오기 시작하면 약불로 줄인다.
3. 베이컨의 기름이 완전히 빠져나와 쪼그라들면 키친타월 위에 펼친다.
4. 에어프라이어에 냉동 프렌치프라이를 200℃에서 10분간 튀긴다. 200℃로 달군 식용유에 넣고 바삭하게 튀겨도 된다.
5. 프렌치프라이가 뜨거울 때 파마산치즈가루에 버무린다.
6. 접시에 ⑤의 프렌치프라이를 담고 사워크림, 베이컨, 쪽파를 얹어낸다.

5

프렌치프라이에 시즈닝을!

쉑쉑양념감자

패밀리 레스토랑의 양념감자를 집에서도 즐겨보세요. 프렌치프라이와 시즈닝 가루만 있으면 손쉽게 만들 수 있지요. 사정없이 쉑쉑 흔들어요.

프렌치프라이 2줌 + **시즈닝** 양파가루 또는 마늘가루·설탕 1큰술씩, 파프리카가루 또는 고운 고춧가루 1작은술, 소금·파슬리가루 1/3작은술씩

1 에어프라이어에 냉동 프렌치프라이를 넣고 200℃에서 10분간 튀긴다. 200℃로 달군 식용유에 넣고 바삭하게 튀겨도 된다.
2 시즈닝 재료는 모두 섞어 준비한다.
3 튀긴 감자가 뜨거울 때 준비한 시즈닝에 버무린다.

프렌치프라이에 콘버터를!

콘버터프라이

중독성 강한 콘버터와 바삭하게 튀긴 프렌치프라이가 만났습니다. 이 메뉴는 무조건 따뜻할 때 드세요. 매콤한 스리라차소스는 스위트 칠리소스나 토마토케첩으로 바꿔도 좋아요.

프렌치프라이 2줌 + 스위트콘·슈레드 모짜렐라치즈 1컵씩, 피망 1/4개, 양파 1/6개
버터·마요네즈·스리라차소스 1큰술씩, 설탕 1작은술, 소금 약간

1 냉동 프렌치프라이는 에어프라이어에 넣어 200℃에서 10분간 튀긴다.
2 스위트콘은 물기를 빼고, 피망과 양파는 스위트콘과 비슷한 크기로 굵게 다진다.
3 중약불로 달군 팬에 버터와 양파를 1분간 볶다가 스위트콘, 피망, 마요네즈, 설탕, 소금을 넣고 30초간 더 볶는다.
4 ③에 슈레드 모짜렐라치즈를 넣고 가볍게 섞다가 치즈가 녹으면 튀긴 프렌치프라이를 올리고 스리라차소스를 뿌린다.

1

LEVEL UP 12
핫케이크믹스

TYPE
☐ 우리밀핫케이크믹스
☐ 쌀핫케이크믹스
☐ 견과류핫케이크믹스
☐ 초코핫케이크믹스

STORAGE
실온/냉장 1년(미개봉)

밀가루와 부재료를 혼합한 믹스가루로, 우유 또는 물과 섞어 굽는다. 팬케이크를 비롯해 와플, 머핀, 달걀빵 등 다양한 베이킹 반죽으로 두루 활용 가능하다. 홈베이킹이 대중화되면서 밀가루, 쌀가루, 견과류, 초코가루 등 여러 부재료가 배합된 프리믹스 제품이 출시 중이다. 프리믹스 제품의 경우 반드시 밀봉보관해야 하며 여름철에는 서늘한 실온이나 냉장보관해야 변질되지 않는다.

COOKING TIP
❶ 핫케이크 반죽은 국자로 떠서 떨어뜨렸을 때 무겁게 흐르는 정도가 적당해요.
❷ 전체적으로 기포가 생기면서 부풀어오르면 약불에서 뭉근히 익혀요.
❸ 구운 베이컨과 소시지, 샐러드를 곁들이면 한 끼 식사로도 충분해요.

핫케이크믹스로 쇼콜라를!

퐁당오쇼콜라

유난히 피곤한 날, 진한 초콜릿에 퐁당 빠져 보세요. 딱 15분이면 부드럽고 진한 초콜릿의 매력을 즐길 수 있어요. 취향에 따라 슈거파우더를 뿌리고 아이스크림이나 과일을 곁들여요.

핫케이크믹스 3큰술 + 무가당 커버추어초콜릿 1컵(110g), 버터 5큰술(80g), 달걀 2개, 설탕 3큰술, 코코아파우더 1큰술, 슈거파우더 약간

1. 초콜릿과 버터 4큰술(70g)을 전자레인지나 중탕으로 물이 들어가지 않게 녹인다.
2. 다른 볼에 달걀과 설탕을 넣고 거품이 생기지 않게 살살 저어 섞는다.
3. 설탕이 반 이상 녹으면 ①의 녹인 초콜릿버터를 넣어 섞는다.
4. ③에 핫케이크믹스와 코코아파우더를 체쳐 넣고 마른 가루가 없도록 섞는다.
5. 버터 1큰술을 녹여 머핀 틀이나 머그컵에 얇게 펴바른 뒤 반죽을 70%씩 채운다.
6. 190℃로 예열한 오븐에서 10~12분간 구운 후 슈거파우더를 뿌린다. 전자레인지를 이용한다면 1개당 1분 정도씩 돌린다.

핫케이크믹스로 식사빵을!

돌돌말이소시지빵

핫케이크 반죽 위에 소시지를 얹어 돌돌 말았어요. 핫도그보다 핫케이크 반죽이 부드러워 아이와 함께 먹기 좋지요. 소스는 취향에 맞게 다양하게 조합해요.

핫케이크믹스 1컵 + 달걀 1개, 우유 1/4컵, 슬라이스 체다치즈 2장, 비엔나소시지 4개, 버터 2큰술, 머스터드소스 또는 토마토케첩 또는 마요네즈 적당량, 파슬리가루 약간, 식용유 1큰술

1. 핫케이크믹스에 달걀을 넣고 우유를 3~4번 나눠 넣으면서 반죽이 걸쭉하게 흐를 정도로 섞는다. 우유 양은 농도를 보고 조절한다.
2. 슬라이스 체다치즈는 반 자르고, 소시지도 2~3차례 어슷하게 칼집을 넣는다.
3. 소시지는 중불로 달군 식용유에 칼집이 살짝 벌어질 정도로 굽는다.
4. 팬을 중약불에 올려 버터를 녹인 후 ①의 핫케이크 반죽을 타원형으로 부어 굽는다.
5. 살짝 부풀어 기포가 생기면 뒤집어 치즈와 소시지를 얹어 반 접어 지그시 누른다.
6. 모양이 고정되면 취향에 맞는 소스와 파슬리가루를 뿌려 마무리한다.

핫케이크믹스로 케이크를!

마블케이크

홈베이킹 시작 단계이거나 많은 재료 준비가 부담이라면 기본 핫케이크믹스를 이용해 재료의 가짓수를 줄여보세요. 버터는 실온에 30분 두었다가 사용해요.

핫케이크믹스 3컵 + 우유 1/2컵, 달걀 4개, 버터 4큰술(70g), 설탕·코코아가루 3큰술씩
파운드틀 21.5×11.5×6cm 1개

1. 버터와 설탕을 거품기로 덩어리 없이 푼 뒤 우유, 달걀을 넣고 섞는다.
2. 핫케이크믹스를 넣고 마른 가루 없이 섞은 뒤, 반죽을 둘로 나눠 한쪽에 코코아가루를 체쳐 섞는다.
3. 파운드케이크 틀에 유산지를 깔고 2가지의 반죽을 2차례 걸쳐 번갈아가며 부어 70%를 채운다. 나무꼬치를 이용해 반죽을 지그재그로 저어 마블 모양을 만든다.
4. 190℃로 예열한 오븐에서 15분간 굽다가 꺼내 윗면에 길게 칼집을 넣는다.
5. 다시 오븐에 넣고 180℃에서 25분간 굽는다.

LEVEL UP 13

통조림 참치

TYPE
☐ 마일드통조림참치
☐ 순살참치/살코기참치
☐ 짜장참치/고추참치/채소참치
☐ 저나트륨참치

STORAGE
실온 5~7년(미개봉)

통조림 참치는 자숙한 참치를 오일과 함께 통조림에 담아 멸균, 진공처리한 레토르트 식품이다. 기름에 담긴 마일드부터 채소, 고추맛 양념, 짜장 양념까지 종류도 다양하며 따로 데울 필요 없이 그대로 먹거나 요리에 활용할 수 있어 활용도가 높다. 다른 레토르트 식품에 비해 유통기한도 긴 편. 최근에는 기름과 염분, 칼로리 부담을 줄인 순살, 저나트륨, 저칼로리 타입도 인기다.

COOKING TIP
❶ 기름기를 빼고 사용해야 요리 완성 시 질퍽하지 않아요.
❷ 청양고추, 후춧가루, 양념 등으로 느끼함을 줄여요.
❸ 샐러드, 샌드위치, 주먹밥, 김밥 등 다양한 요리에 주재료나 부재료로 사용해요.
❹ 볶음, 조림, 찌개, 전, 비빔밥 등의 한식 메뉴와도 어울려요.

통조림 참치를 볶다!

만능참치장

참치와 냉장실 자투리 채소, 한식 양념으로 만들어낸 저장 반찬 겸 도시락 반찬입니다. 쌈장이 없다면 고추장 2큰술을 넣어요.

통조림 참치 1캔(150g) + 김치 1/2컵, 감자·청양고추 1개씩, 양파 1/4개, 대파 10cm, 참치기름 3큰술, 참기름 1작은술, 참깨 약간
양념 간장·고추장·쌈장·맛술·다진 마늘·물엿 1큰술씩, 고춧가루 1작은술, 후춧가루 약간

1 김치는 씻어 물기를 제거한 뒤 굵게 다진다.
2 감자, 청양고추, 양파를 사방 0.5cm 크기로 깍둑썬다. 대파는 다진다.
3 팬에 참치기름을 넣고 약불로 달구어 대파, 고춧가루를 넣고 볶아 향을 낸다.
4 감자를 넣고 볶아 투명해지면 김치와 양파를 넣어 2~3분간 볶는다.
5 ④에 남은 양념을 모두 넣고 30초간 볶은 뒤 참치를 넣고 볶는다.
6 끓어오르면 청양고추와 참기름을 넣고 1분간 더 볶아 불을 끄고, 참깨를 뿌린다.

통조림 참치를 지지다!

참치오코노미야끼

참치의 담백함과 꼭꼭 씹히는 식감이 좋은 오코노미야끼입니다. 원하는 재료를 맘대로 넣어 만들어도 좋습니다. 밀가루가 아닌 부침가루를 쓴다면 소금은 생략하세요.

통조림 참치 1캔(150g) + 양배추 4장, 양파 1/4개, 대파 10cm, 베이컨 2줄, 오코노미야끼소스·마요네즈 적당량씩, 파슬리가루 약간, 가츠오부시 3/4컵, 식용유 3큰술
반죽 밀가루 1/2컵, 달걀 1개, 소금 1/4작은술, 물 2큰술(생략 가능)

1. 통조림 참치는 체에 밭쳐 기름을 뺀다.
2. 양배추와 양파, 대파는 채썰고, 베이컨은 5cm 길이로 썬다.
3. 밀가루, 달걀, 소금을 섞은 뒤 물을 넣어가며 흐를 정도의 농도로 반죽한다.
4. 반죽에 기름을 뺀 참치와 ②의 준비한 채소를 섞는다.
5. 팬에 식용유를 두르고 중불에 달구어 ④를 붓고 베이컨을 올려 굽는다.
6. 바닥이 노릇해지면 뒤집어 뚜껑을 덮고 약불로 줄여 속까지 익힌다.
7. 소스와 마요네즈를 뿌리고, 가츠오부시와 파슬리가루를 뿌린다.

4

통조림 참치를 굽다!

그리스식 참치무사카

무사카는 고기볶음과 채소, 토마토, 화이트소스를 켜켜이 담아 오븐에 구운 그리스 전통요리예요. 기름 쭉 뺀 참치를 이용하니 더 담백합니다. 시판소스를 활용했어요.

통조림 참치 1캔(150g) + 가지 1개, 주키니 1/2개, 슈레드 모짜렐라치즈 1컵, 크림소스 1/2컵, 올리브유 1큰술, 허브가루(바질·파슬리·오레가노 등)·소금·후춧가루 약간씩
참치토마토소스 토마토소스 1컵, 양파 1/2개, 올리브유 1큰술 with 통조림 참치

1. 통조림 참치는 체에 밭쳐 기름기를 뺀다.
2. 가지와 주키니는 길이 8cm, 두께 1cm로 썰고, 소스용 양파는 굵게 다진다.
3. 중불로 달군 올리브유 1큰술에 가지와 주키니를 소금, 후춧가루 뿌려가며 굽는다.
4. 팬에 올리브유 1큰술을 둘러 중약불에서 참치와 다진 양파를 1분간 볶다가 토마토소스를 붓고 바글바글 끓으면 불을 꺼 참치토마토소스를 완성한다.
5. 오븐용기에 ④의 참치토마토소스 3큰술 → 주키니 → ④의 참치토마토소스 3큰술 → 가지 → 남은 참치토마토소스와 크림소스 → 슈레드 모짜렐라치즈 순으로 올린다.
6. 190℃로 예열한 오븐에서 15분 노릇한 색이 나도록 구워 허브가루를 뿌린다.

1

LEVEL UP 14
훈제오리

TYPE
- 훈제오리
- 새싹보리훈제오리/블루베리훈제오리
- 와인숙성훈제오리/허브갈릭훈제오리
- 흑마늘훈제오리/유황훈제오리
- 훈제오리무쌈/싸먹는 훈제오리

STORAGE
냉장 2주일
(미개봉)

소금 간한 오리에 훈제 향을 입혀 초벌한 식품. 훈연 향이 배어 누린내가 덜하고 기름기도 빠져 담백하다. 살코기와 껍질이 붙어 있는 형태로 슬라이스해 진공포장되어 있으며, 팬에서 굽거나 수증기로 촉촉하게 쪄서 즐긴다. 냉장보관 2주로 비교적 보관기간이 짧은 편이니 구매 후 빠른 시일 내 먹는 것이 좋다.

COOKING TIP
❶ 중불→센불 순으로 불조절해 충분히 구워야 껍질이 바삭해지고 질기지 않아요.
❷ 양파, 대파, 마늘, 부추, 피망 등 향신채소를 넣고 볶으면 느끼함이 덜해요.
❸ 차가운 채소와 버무려 냉채요리로 즐겨요.

훈제오리를 굽다!

춘장소스훈제오리쌈

훈제오리에 오이와 대파채를 곁들이고 춘장과 중식 양념인 해선장으로 만든 딥소스를 곁들였어요. 해선장이 없다면 굴소스 2큰술에 설탕 1/2큰술을 섞어 사용해요.

훈제오리 + 토르티야 5장, 오이 1/2개, 대파 흰부분 20cm
250g   **춘장소스** 춘장 4큰술, 식용유 3큰술, 해선장·물엿·청주 2큰술씩, 물 1/4컵

1 춘장은 중약불로 달군 식용유에 1분 이상 볶다가 키친타월로 식용유만 제거한다.
2 ①의 볶은 춘장에 나머지 춘장소스 재료를 넣고 바글바글 끓여 식힌다.
3 토르티야는 달군 팬에서 앞뒤로 굽거나 찜기에 촉촉하게 쪄서 4~6등분한다.
4 오이와 대파 흰부분은 6cm 길이로 잘라 채썬다.
5 훈제오리는 중불로 달군 팬에 올려 바삭하게 굽는다.
6 접시에 구운 훈제오리와 오이, 대파를 돌려 담고, 토르티야와 소스를 곁들인다.

훈제오리를 찌다!
부추훈제오리찜

훈제오리를 기름기 없이 촉촉하게 먹고 싶을 때는 수증기에 쪄내요. 이미 훈제된 제품이라 단시간에 익지요. 부추를 더해 가볍게 즐겨요.

훈제오리 250g + 부추 1줌, 양파 1개, 단호박 1/6통
겨자소스 연겨자 1큰술, 간장 3큰술, 올리고당 2큰술, 식초 1과 1/2큰술

1. 부추는 8cm 길이로 썰고, 양파는 2cm 두께로 원형 슬라이스한다. 단호박은 1cm 두께로 납작썬다.
2. 김 오른 찜기에 양파를 깔고 위에 훈제오리를 얹는다. 가장자리에 단호박을 올린다.
3. 뚜껑을 덮고 중불에서 10분간 찌다가 부추를 올려 5분간 더 찐다.
4. 소스 재료는 모두 섞어 준비한다.
5. 부드럽게 익은 훈제오리와 채소를 접시에 담고 소스를 곁들인다.

훈제오리를 볶다!
쌈무오리냉채

시원한 냉채가 당길 때, 특별한 보양식이 필요할 때 추천하는 요리예요. 아삭한 쌈무와 쫄깃한 오리고기로 건강식으로 즐겨요.

훈제오리 200g + 쌈무·깻잎 10장씩, 양배추 5장, 치커리·새싹채소 1/2줌씩
냉채소스 다진 홍고추 1개분, 다진 양파 4큰술, 배주스 5큰술, 간장·식초·다진 마늘 2큰술씩, 참깨 1/2큰술, 참기름 1작은술

1. 냉채소스 재료는 섞어 냉장실에서 차갑게 보관한다.
2. 훈제오리는 팬에 볶거나 찜기에 쪄서 준비한다.
3. 쌈무, 깻잎, 양배추는 곱게 채썰고, 치커리는 4cm 폭으로 등분한다.
4. 접시에 치커리를 깔고 훈제오리와 채썬 쌈무와 채소를 담는다.
5. 먹기 직전 냉채소스를 끼얹어 버무린다.

LEVEL UP 15
구운 생선

TYPE
- ☐ 구운 고등어
- ☐ 구운 삼치/구운 굴비
- ☐ 구운 가자미/구운 임연수
- ☐ 구운 꽁치/구운 갈치

STORAGE
냉동 6개월~1년(미개봉)

PREPARE
밀봉 유수해동 30분
전자레인지 해동 1분

손질한 생선을 초벌구이하여 급속 냉동한 형태로 별도의 손질이나 복잡한 조리 없이 간편하게 데워 먹을 수 있는 레토르트 식품이다. 1~2년 전만 해도 수산물 레토르트는 통조림으로 한정적이었으나 가정 간편식 소비가 늘어나면서 생선구이 등 여러 형태의 간편식이 출시되고 있다. 생 고등어, 삼치, 꽁치, 임연수를 비롯해 갈치, 굴비 등 프리미엄 라인으로 확장 중. 그대로 구워 먹어도 좋고 조림, 찜 등의 다양한 요리로 변신 가능하다.

COOKING TIP
1. 스팀 에어프라이어 또는 스팀 오븐 기능으로 데우면 더 촉촉해요.
2. 파채와 깻잎, 치커리 등의 생채를 곁들이면 생선구이의 비린내가 사라져요.
3. 묵은지, 양파, 마늘을 자작하게 졸인 뒤 구운 생선을 올려 뜨겁게 먹어요.

구운 생선을 국물에 졸이다!

묵은지고등어조림

남은 신김치가 있다면 꼭 만들어보세요. 김치를 씻어 들기름, 들깻가루를 넣고 기름기가 빠진 구운 고등어를 얹어 자박하게 지지면 맛난 조림반찬이 만들어져요.

구운 고등어 2마리 + 묵은지 3컵, 대파 10cm, 다시마 우린 물 1컵
양념 들기름·들깻가루 2큰술씩, 다진 마늘 1과1/2큰술, 설탕 1큰술, 참깨 약간

1. 묵은지는 찬물에 30분간 담가 짠맛을 뺀 뒤 길게 썰고, 대파는 어슷썬다.
2. 해동한 구운 고등어는 2등분한다.
3. 냄비에 들기름을 두르고 묵은지, 다진 마늘 1큰술, 설탕을 2분간 중불에서 볶는다.
4. 다시마 우린 물을 붓고 뚜껑을 덮어 중약불로 줄여 10분간 졸인다.
5. ④에 구운 고등어를 올리고 들깻가루와 다진 마늘 1/2큰술, 대파를 넣고 국물을 끼얹어 10분간 뚜껑을 열고 졸인다.
6. 그릇에 묵은지와 고등어를 담고 참깨를 뿌려 마무리한다.

구운 생선을 그대로 데우다!

파탑고등어구이

향긋한 파채와 깻잎을 곁들여 고등어구이의 느끼함을 잡았습니다. 생강즙과 고추냉이, 레몬즙이 어우러진 톡 쏘는 소스도 빛을 발해요. 다양한 생선구이로 만들 수 있어요.

구운 고등어 2마리 + 파채 1줌, 깻잎 6장, 식용유 1큰술
소스 간장 2큰술, 레몬즙 또는 식초·올리고당·물 1큰술씩, 생강즙·고추냉이 1작은술씩, 부순 참깨 1/2큰술

1 파채는 찬물에 담가 매운맛을 제거하고, 깻잎은 채썰어 찬물에 담가두었다가 마지막에 건져 물기를 정리한다.
2 소스 재료는 고추냉이가 덩어리지지 않도록 충분히 섞는다.
3 중불로 달군 식용유에 해동한 구운 고등어를 올려 뜨겁게 데운다.
4 접시에 데운 고등어를 담고 물기를 제거한 파채와 깻잎을 소복이 담는다.
5 먹기 직전에 파채 위에 소스를 뿌린다.

구운 생선을 소스에 굽다!

데리야끼꽈리고추생선구이

비린내에 예민해 생선을 즐기지 않는 분께 추천하는 메뉴예요. 매콤한 고추와 달콤한 데리야끼소스로 비린 맛을 잡았습니다. 고추를 태우듯 구워 양념에 끓이는 게 그 비결이에요.

구운 고등어 2마리 + 꽈리고추 1줌, 홍고추 1개, 참깨 약간
데리야끼소스 대파 10cm, 으깬 마늘 2쪽분, 납작썬 생강 슬라이스 2개, 간장·맛술 2큰술씩, 흑설탕·물엿 1큰술씩, 물 4큰술, 후춧가루 약간

1 중불로 달군 팬에 대파와 마늘, 생강을 넣고 노릇하게 태운 뒤 불을 끄고 나머지 데리야끼소스 재료를 넣고 섞는다. 불을 다시 켜고 중약불로 뭉근히 끓인다.
2 소스가 끓을 동안 꽈리고추는 긴 것은 반 자르고, 홍고추는 4cm 길이로 채썬다.
3 해동한 구운 고등어는 2등분한다.
4 소스에서 윤기가 흐르고 살짝 끈적해지면 구운 고등어와 꽈리고추를 넣고 간이 배도록 소스를 끼얹어가며 굽는다.
5 접시에 ④를 담고 채썬 홍고추를 올리고 참깨를 뿌려 마무리한다.

SERIES 요즘 ❶

요즘 X 레토르트

2021년 2월 15일 1쇄 발행

요리	노애리
요리어시스트	이영숙, 노금순
사진	이종수스튜디오
푸드스타일링	김지현
기획/편집	문영애
디자인	김아름 @piknic_a
인쇄/출력	도담프린팅
펴낸곳	수작걸다
주소	경기 용인시 수지구 고기로 89
이메일	suzakbook@naver.com
블로그	blog.naver.com/suzakbook
인스타그램	suzakbook

ISBN 978-89-6993-037-8 14590

- 이 책은 저작권법에 따라 보호받는 저작물이므로 무단 전재와 무단 복제를 금지하며,
  이 책 내용의 전부 또는 일부를 이용하려면 반드시 저작권자와 수작걸다의 서면 동의를 받아야 합니다.
- 제본에 이상이 있는 책은 바꾸어 드립니다.